O Brasil nas Copas

O Brasil nas Copas

MARCOS SERGIO SILVA

Copyright © 2010 Marcos Sergio Silva

Edição: Joana Monteleone, Haroldo Ceravolo Sereza e Roberto Cosso
Editor assistente: Vitor Rodrigo Donofrio Arruda
Revisão: Íris Morais Araújo
Projeto gráfico, capa e diagramação: Sami Reininger

CIP-BRASIL. CATALOGAÇÃO-NA-FONTE
SINDICATO NACIONAL DOS EDITORES DE LIVROS, RJ

S578B

Silva, Marcos Sergio
　　O Brasil nas copas/Marcos Sergio Silva – São Paulo: Alameda, 2010.
　184p.

　ISBN 978-85-7939-036-4

　1. Copa do Mundo (Futebol) – História. 2. Futebol – Brasil – História.
I. Título.

10-2006.　　　　　　　CDD: 796.3340981
　　　　　　　　　　　　CDU: 796.332(81)

019025

Alameda Casa Editorial
Rua Conselheiro Ramalho, 694 – Bela Vista
CEP: 01325-000 – São Paulo – SP
Tel. (11) 3012-2400
www.alamedaeditorial.com.br

Sumário

1930: Uma briga que não deu em nada	09
1934: Nossa Copa mais curta	19
1938: Enfim, uma Seleção nacional	27
1950: Nunca fomos tão brasileiros	37
1954: Suíça não cura ressaca de 1950	47
1958: Nossa primeira Copa	57
1962: Garrincha compensa a falta de Pelé	67
1966: O " já ganhou" já era	77
1970: Da desconfiança surge o tri	85
1974: A falta que faz um rei	95
1978: Campeões morais	105
1982: A Seleção e o sonho	115

1986: Pênalti capital	125
1990: Tudo errado	135
1994: A queda de tabus	145
1998: Derrota na véspera	155
2002: Arigatô, Felipão	165
2006: Não somos imbatíveis	175

1930
Uma briga que não deu em nada

A Seleção Brasileira nasceu carioca. As oito entidades que se reuniram em 1914 para fundar a Federação Brasileira de Sports (FBS) eram todas do Rio de Janeiro, então a capital do Brasil, e não só de futebol – havia, entre elas, o Jockey Club e o Automóvel Club. O primeiro jogo de futebol sob a sigla da FBS, com paulistas integrados, foi contra o Exeter City, clube que só dali a seis anos disputaria um torneio oficial, a terceira divisão inglesa. Vencemos: 2 x 0, gols de Oswaldo Gomes (Fluminense) e Osman (América-RJ).

Essa união entre Rio e São Paulo durou pouco. Em 1915, os paulistas criaram a Federação Brasileira de Futebol, filiada no mesmo ano à Federação Sul-Americana. O impasse acabaria em 21 de junho de 1916 com a criação da Confederação Brasileira de Desportos, a CBD, com sede no Rio e reconhecida em 1923 pela Fifa, a entidade máxima do futebol.

Naquela época, um mineiro era presidente da República. Mas no esporte, o poder era dos cariocas. O Campeonato Brasileiro de Seleções, com times formados por jogadores de cada estado e disputado desde 1923, tinha o estádio das Laranjeiras (do Fluminense) como sede das finais.

Em 1927, houve um incidente entre esses times: os paulistas impediram que os cariocas cobrassem um pênalti discutível e deixaram o gramado. O então presidente Washington Luiz, carioca radicado em São Paulo, assistia à partida e exigiu que retornassem. O jogador paulista Amílcar retrucou, dizendo que o presidente cuidava do país, mas, no time, era ele quem mandava. Sentindo-se prejudicada, a Seleção Paulista deixou de disputar o torneio em 1928 para voltar no ano seguinte, levar uma das finais para São Paulo e vencê-la.

Os paulistas acharam que era a hora de exigir um lugar na comissão técnica da Seleção. A CBD ignorava a pretensão e, para decidir os convocados para a 1ª Copa do Mundo, no Uruguai, passou a observar os jogadores em dois grupos: um, com 33 atletas paulistas e quatro paranaenses, treinava em São Paulo; o outro, com 32 cariocas e dois mineiros, se recolhia no Rio. Mesmo antes de definir os convocados, a Seleção sofria baixas. Seis atletas pediram dispensa por não conseguirem conciliar os jogos no Uruguai e seus empregos – o profissionalismo seria implantado no Brasil três anos depois. "Não posso deixar minha família sofrendo os martírios da fome", comentou um deles, o vascaíno Paschoal.

A Apea, entidade que controlava o futebol paulista, exigiu, a um mês do embarque para Montevidéu, um posto no comando da Seleção. A CBD sequer respondeu. A cinco dias da inscrição dos jogadores, a confederação requisitou a convocação de quinze jogadores paulistas – os oito restantes eram cariocas.

Nenhum se apresentou, e o presidente da CBD, Renato Pacheco, mandou para o Uruguai um time sem paulistas. As atitudes, radicalizadas com o discurso de parte da imprensa carioca, racharam a Seleção, que, mesmo sob intensa negociação, só levou um jogador de São Paulo, Araken Patuska. Mas a briga afastou nossos principais craques: Arthur Friedenreich, considerado pela Fifa o maior artilheiro da história do futebol, com 1.329 gols (registros históricos, porém, confirmam "apenas" 554 gols), e Feitiço, artilheiro dos Campeonatos Paulistas de 1929 e 1930.

A viagem para o Uruguai foi de barco, o Conte Verde, que saiu da Europa com as seleções daquele continente a bordo. Ao chegar em Montevidéu, a Seleção descobriria, no sorteio dos grupos da Copa, seus adversários: a Iugoslávia e a Bolívia. Essas e mais dez seleções disputariam, entre 13 e 30 de julho de 1930, a Copa do Mundo, em três estádios da capital: o Centenário, o Parque Central e o de Pocitos. A taça, depois rebatizada Jules Rimet – o francês que presidia a Fifa na época –, tinha 30 centímetros de altura e 4 quilos.

Sob um frio de 2ºC, o Brasil estrearia em Copas com derrota (2 x 1) para a Iugoslávia. O árbitro uruguaio Aníbal Tejada vestia uma jaqueta do Fluminense – uma estranha homenagem. O capitão Preguinho, do tricolor carioca, filho do escritor Coelho Neto e campeão de basquete e atletismo, ganhou o cara ou coroa e a honra de marcar o primeiro gol da Seleção em torneios mundiais. Mas os europeus já haviam aberto vantagem de dois gols ainda no primeiro tempo, com Tirnanic, aos 21 minutos, e Bek, aos 30 minutos.

No Rio, o jogo era acompanhado em frente ao jornal *A Noite,* e as notícias chegavam por telégrafo e com atraso. Fausto reclamou dos colegas (os chamou de "senhoritas", por não suportarem a pressão iugoslava) e Araken, dos cartolas. Mais de trinta anos depois, em entrevista, disse que dirigentes acomodavam os jogadores de Fluminense e Botafogo, tidos como "de elite", em instalações melhores que os outros.

Em São Paulo, a derrota dos "cariocas" era comemorada. Feliz Inarra, dirigente do clube argentino Huracán, de passagem pela capital paulista, não entendia a alegria nas ruas.

Ele disse ao jornal paulistano *Folha da manhã:*

> Eu passava por uma rua onde havia um jornal. Vivas e mais vivas eram entoados e eu disse: "Os brasileiros venceram". Um rapaz próximo de mim disse então: "Não, os cariocas perderam por 2 x 1". E com espanto maior vi desfilar um funeral, onde os cânticos fúnebres e morras aos cariocas ecoaram.

Restava cumprir tabela contra a Bolívia. O Brasil à época jogava de camisa branca, como os adversários. O árbitro determinou que os bolivianos vestissem o uniforme reserva, que não existia. Para contornar o problema, pediram as camisas azuis celestes do Uruguai. Os brasileiros venceram por 4 x 0. Velloso, o goleiro, defendeu o primeiro pênalti em Copas.

O Brasil, no entanto, continuaria a ser (mal) falado na Copa. Gilberto de Almeida Rego, nosso representante no apito, cometeu uma série de erros. Primeiro, terminou a partida Argentina 1 x 0 França aos 39 minutos do segundo tempo – a Fifa já determinava 45 minutos para cada tempo – e teve que reiniciá-la. Depois, quando o Uruguai bateu a Iugoslávia por 6 x 1, nas semifinais, anulou um gol iugoslavo e validou dois irregulares dos donos da casa. A atuação fez com que a Iugoslávia se recusasse enfrentar os EUA pelo 3º lugar.

Uruguai e Argentina fizeram a final, mas só depois de as duas seleções abrirem mão de jogar o tempo inteiro com suas bolas – a diferença é que a usada na Argentina era mais leve. O impasse foi resolvido com cada seleção disputando um tempo com a sua. Nesse critério, os uruguaios levaram a melhor: o primeiro tempo – argentino – terminou 2 x 1 para eles. Mas os visitantes não controlaram a pelota mais pesada e deixaram os donos da casa virar para 4 x 2 no segundo tempo. E o Uruguai conquistava, em casa, a primeira Copa do Mundo.

O Brasil em 1930

GOLEIROS: Joel (América) e Velloso (Fluminense)

MÉDIOS: Hermógenes (América), Fausto (Vasco), Fernando (Fluminense), Ivan (Fluminense), Oscarino (Ipiranga de Niterói), Manoelzinho (Ipiranga de Niterói), Pamplona (Botafogo),Fortes (Fluminense) e Benvenuto (Flamengo)

ZAGUEIROS: Brilhante (Vasco), Itália (Vasco)

e Zé Luiz (São Cristóvão)

ATACANTES: Moderato (Flamengo), Nilo (Botafogo), Poly (Americano), Benedito (Botafogo), Araken (Flamengo), Carvalho Leite (Botafogo), Preguinho (Fluminense),

Russinho (Vasco), Teófilo (São Cristóvão)

e Doca (São Cristóvão)

TÉCNICO: Píndaro de Carvalho

O Brasil na Copa do Uruguai

FASE CLASSIFICATÓRIA

Grupo 2

14 DE JULHO

BRASIL 1 X 2 IUGOSLÁVIA

Gols: Preguinho 17 do 2º (BRA); Tirnanic 21, Bek 31 do 1º (IUG)

20 DE JULHO

BRASIL 4 X 0 BOLÍVIA

Gols: Preguinho 12 do 1º e 38 do 2º, Moderato 37 do 1º e 28 do 2º

COLOCAÇÃO FINAL

1º Uruguai

2º Argentina

3º EUA / Iugoslávia

6º Brasil

1934
Nossa Copa mais curta

O caminho do Brasil na Copa de 1934 foi curto e longo. Com a desistência do Peru, adversário nas primeiras Eliminatórias Sul-Americanas, a Seleção garantiu uma das dezesseis vagas no mundial sem nem mesmo entrar em campo. Mas a distância para o continente europeu, em um tempo ainda sem voos comerciais de longo alcance, faria os brasileiros gastar onze dias em alto mar.

A Itália havia sido escolhida sede do mundial em 1934 dois anos depois da primeira Copa, no Congresso da Fifa de 1932, na Suécia. Não houve oposição ao projeto do país governado pelo ditador Benito Mussolini, cujo objetivo era o de propagandear os feitos do fascismo, regime político sustentado pelo nacionalismo e pela xenofobia. No Brasil, o governo de Getúlio Vargas se aproximaria desse pensamento após o golpe do Estado Novo, em 1937.

Na política e no esporte, os paulistas exerciam enorme pressão sobre a sede do poder, o Rio de Janeiro. Dois anos antes da Copa, protagonizaram a Revolução Constitucionalista, exigindo que Vargas governasse sob nova Constituição, promulgada em 1934. A guerra fez com que a CBD não convocasse paulistas para os únicos dois jogos realizados entre 1930 e 1932. Friedenreich, o maior craque brasileiro antes de Pelé, chegou a trocar a bola pelo fuzil como sargento e depois tenente da tropa constitucionalista.

Mas um novo conflito, desta vez nos gramados, atrapalharia ainda mais a Seleção: o fim do amadorismo, sacramentado em 12 de março de 1933, quando o São Paulo da Floresta venceu o Santos por 5 x 1. Entre os grandes brasileiros, apenas o Botafogo resistia. Como a CBD se recusava a adotar o profissionalismo, só jogadores desse time carioca foram convocados.

Carlito Rocha, um ilustre botafoguense, recebeu da CBD o aval para pagar seis contos de réis de luvas àqueles que topassem vestir a camisa da Seleção. Assim, uma confederação de amadores oferecia dinheiro aos profissionais, para que abandonassem seus clubes. Desse modo, a CBD conseguiu levar quatro jogadores do São Paulo da Floresta (Sylvio Hoffman, Armandinho, Luizinho e Waldemar de Britto), enquanto o Palestra Itália, atual Palmeiras, escondia seus principais jogadores para que não chegassem à Seleção. Leônidas teria recebido 30 contos de réis, equivalente a sete automóveis de luxo da época. O derrame de dinheiro, no entanto, afugentou Domingos da Guia, que na época defendia o Nacional do Uruguai: o clube exigiu 45 contos de réis pelo jogador, quantia negada pela CBD.

"Convocada" a Seleção com dezessete jogadores, o menor elenco inscrito numa Copa, faltava o dinheiro para embarcar rumo a Itália. O navio Neptunia, com a seleção da Argentina, atracaria no porto do Rio em 3 de maio de 1934, mas partiria sem o Brasil. Oito dias depois, o navio Conte Biancamano zarparia com a Seleção rumo à Europa, depois de ouvir de Vargas elogios ao regime de Mussolini: "O italiano, que se sentia deprimido antes do advento do fascismo, sente-se agora orgulhoso da própria raça".

O Conte Biancamano chegaria a Gênova, na Itália, em 23 de maio. Quatro dias depois, a Seleção, que ficou todo esse tempo sem tocar num gramado, apenas comendo e jogando cartas, estrearia contra a Espanha, na mesma cidade. As dezesseis seleções da Copa de 1934 foram divididas em oito partidas do tipo mata-mata – aquelas que perdessem os seus jogos estariam eliminadas.

Fora de forma e sob o forte calor do verão italiano (31°C), o Brasil não foi páreo para a Espanha. Faltava organização e, sobretudo, fôlego aos brasileiros. Leônidas e Waldemar de Britto, aquele que duas décadas depois descobriria Pelé, se destacavam, mas a Espanha sobrava e ainda no primeiro tempo abriria 3 x 0. O primeiro, de Iraragorri, aos 18 minutos, foi de pênalti. O brasileiro Martim teria tocado a mão na bola – alguns juram que foi bola na mão. Lángara ampliou aos 27 minutos. Pedrosa, goleiro do Botafogo, se atrapalhou com a bola aos 36 minutos e largou nos pés de Lángara, que completou o terceiro gol.

Leônidas marcou seu primeiro gol em Copas aos 11 minutos do segundo tempo, mas o juiz Birlem frustrou a reação ao (mal) anular o segundo brasileiro, de Luizinho. Compensaria ao marcar pênalti para o Brasil aos 17 minutos. Waldemar de Brito cobrou, mas Zamora (tão sinônimo de bom goleiro na Espanha que batiza um prêmio para a posição) defendeu.

Diante desses azares, a Seleção sucumbiu ao recuo espanhol e saiu da Itália com a pior das dezoito campanhas brasileiras em Copas. Foi 15º colocado, à frente apenas da Indonésia.

Aquela Copa inscreveria ainda um brasileiro como o primeiro campeão de Copas: o ex-corintiano Filó, que naturalizou-se para disputar o Mundial pela Itália. Sob os olhares de Mussolini, os italianos vestiriam o negro do fascismo para sair de Roma com a sua primeira Copa, ao vencer a Tchecoslováquia por 2 x 1 na final.

O Brasil em 1934

GOLEIROS: Germano (Flamengo) e Pedrosa (Botafogo)

MÉDIOS: Ariel (Botafogo), Martim Silveira (Botafogo), Waldir (Botafogo), Canalli (Botafogo) e Tinoco (Vasco)

ZAGUEIROS: Sylvio Hoffmann (São Paulo da Floresta), Luiz Luz (Grêmio) e Octacílio (Botafogo)

ATACANTES: Armandinho (São Paulo da Floresta), Luizinho (São Paulo da Floresta), Carvalho Leite (Botafogo), Átila (Botafogo), Leônidas da Silva (Vasco), Waldemar de Brito (São Paulo da Floresta) e Patesko (Botafogo)

TÉCNICO: Luiz Vinhaes

O Brasil na Copa da Itália

OITAVAS DE FINAL

BRASIL 1 X 3 ESPANHA

Gols: Leônidas da Silva 11 do 2º (BRA); Iraragorri 18, Lángara 27 do 1º e 32 do 2º (ESP)

COLOCAÇÃO FINAL

1º Itália

2º Tchecoslováquia

3º Alemanha

4º Áustria

15º Brasil

COUPE DU MONDE
1938

1938
Enfim, uma Seleção nacional

Na França, o Brasil enfim teve o gosto de ver (ou melhor, ouvir) uma seleção nacional em campo. Os 22 convocados (cinco do Botafogo, cinco do Fluminense, três do Flamengo, dois do Corinthians, dois do São Cristovão, dois do Vasco, um do América, 1 do Palestra Itália e 1 da Portuguesa) foram para a França mais uma vez sem a provação das Eliminatórias.

A Fifa considerou o Brasil classificado natural, depois de oito seleções sul-americanas desistirem da competição. Os ressentimentos entre paulistas e cariocas foram apaziguados pelo dinheiro. O mercado do Rio, mais promissor, atraía os craques de São Paulo. O campeonato esvaziado em uma das pontas fez com que a rivalidade desaparecesse. A CBD reconheceu o profissionalismo e absorveu a Federação Brasileira de Futebol. Ademar Pimenta, técnico da Seleção no Sul-Americano de 1937, fora mantido no cargo, com a certeza de que o time seria Leônidas da Silva, Domingos da Guia e mais nove.

A confederação deu tempo para a preparação: os primeiros 28 convocados treinaram doze dias no Rio antes de embarcar para duas semanas em Caxambu, no interior de Minas. Escaldados pelo fiasco de 1934, a viagem de barco foi programada para que chegasse à França vinte dias antes da estreia na Copa. A Seleção embarcou em 30 de abril de 1938, no navio britânico Arlanza, e fez escalas em Recife e Dacar, na África, até chegar, em 15 de maio, na francesa Marselha. O técnico brasileiro, Ademar Pimenta, relataria mais tarde problemas disciplinares que enfrentara na delegação: "Tim e Patesko usaram e abusaram de bebidas alcoólicas. Pedi o desligamento desses elementos e não fui atendido".

Em 1938, a popularidade do futebol combinava com a de um meio de comunicação introduzido a partir de 1917 no Brasil, o rádio. A primeira partida transmitida por ondas curtas foi a de São Paulo contra o Paraná pelo Campeonato Brasileiro de Seleções – vitória paulista por 6 x 4. Um ano antes da Copa, dez emissoras transmitiam jogos de times ainda sem numeração nas camisas. Antes de cada partida, havia uma apresentação dos jogadores aos locutores para que não falhassem na hora de identificá-los. No mesmo ano, Ary Barroso, autor de "Aquarela do Brasil", transmitia a final do Campeonato Sul-Americano de 1937, entre Argentina e Brasil, com um estilo que, seis décadas depois, renderia fama a Galvão Bueno: o narrador que torcia e sofria com e pela Seleção.

O rádio era tão fundamental na vida do brasileiro que a delegação que a CBD enviaria à Copa incluíria um narrador oficial, Gagliano Neto, da rede Byington, com sede no Rio e filiais em São Paulo e Santos, e associadas à medida que o Brasil avançava no torneio. As transmissões eram ouvidas até mesmo por

1938 – ENFIM, UMA SELEÇÃO NACIONAL

quem não tinha rádio, através de alto-falantes instalados nas praças das cidades – a era do atraso dos telex estava enterrada.

O Brasil estrearia com a Polônia em um domingo, em Estrasburgo. Foi a primeira vez que a Seleção entrou em campo numa Copa vestida de azul, a mesma cor que daria o título na Suécia vinte anos depois – o adversário vestia branco como o Brasil à época. Leônidas marcou o primeiro aos 18 minutos, mas cinco minutos depois Domingos agarrava Wodarz dentro da área para o polonês Scherfke converter o pênalti. A reação fora neutralizada por gols de Romeu e Perácio, ainda na etapa inicial. Uma forte chuva caiu durante o intervalo, o que favoreceu os poloneses, que dominavam melhor o campo pesado, sobretudo Wilimowski, autor dos dois gols do empate. Ele voltaria a igualar o placar depois do gol de Perácio, forçando a prorrogação. Aí, o talento de Leônidas, o Diamante Negro (o chocolate do mesmo nome foi batizado em sua homenagem), prevaleceu com dois gols, um deles descalço. E o Brasil venceria por 6 x 5.

Para passar pela Tchecoslováquia, nas quartas de final, a Seleção precisaria de dois jogos. O primeiro deles terminou empatado, 1 x 1. Leônidas marcou o do Brasil, mas Domingos da Guia cometeria outro pênalti, ao conduzir a bola com o braço. Nejedly anotou. Foi um jogo muito violento, com quatro expulsões e dois brasileiros com graves contusões, Perácio e Leônidas. Na partida desempate, dois dias depois, Ademar Pimenta trocou todos os jogadores brasileiros, à exceção do Diamante Negro. Nariz, o zagueiro escalado como o médico da delegação (havia se formado em Medicina dois anos antes), quebrou o braço, mas continuou no jogo. A Tchecoslováquia abriu o marcador na etapa inicial, mas Leônidas e Roberto fizeram os gols da virada brasileira.

Com a vaga assegurada nas semifinais, os brasileiros enfrentariam a campeã Itália sem o gênio Leônidas, cuja lesão no primeiro jogo contra os tchecos havia piorado. Niginho, o substituto, não poderia jogar por estar em litígio com a Federação Italiana – havia abandonado o país um ano antes, quando defendia a Lazio, para se alistar ao Exército. A CBD negou a versão, sustentando que o atacante não podia nem mesmo andar por conta de uma contusão. Tim também não jogou; e provocou um rombo na armação do time.

Em campo, o italiano Piola marcou o primeiro e sofreu o pênalti que originaria o segundo – cometido, mais uma vez, por Domingos da Guia. Mesmo com a bola longe da área, o zagueiro achou melhor revidar as constantes provocações do italiano com um chute. Domingos, o Divino Mestre, argumentou anos depois que a bola estava fora de jogo. O juiz, no entanto, viu e marcou pênalti, convertido por Giuseppe Meazza mesmo com o calção frouxo (o cordão que o mantinha em pé havia rompido quando ele corria para a cobrança). Romeu marcaria para o Brasil nos últimos minutos, mas seria insuficiente para manter o sonho da Copa de pé. A CBD tentaria anular a partida, mas em vão.

Restaria a disputa pelo terceiro lugar, contra a Suécia. Depois de sair perdendo por 0 x 2, o Brasil viraria para 4 x 2 com dois de Leônidas, o artilheiro da Copa com oito gols. A Itália selaria o bi ao bater a Hungria na final, por 3 x 1. Giuseppe Meazza seria o único capitão de uma equipe campeã vaiado ao levantar a taça, ao repetir a saudação fascista. Era uma Copa infectada pela política, que levaria a Europa a entrar em guerra um ano depois: antes, a Áustria, anexada pela Alemanha de Hitler, perderia para a Suécia na Copa por W.O., o único da história do torneio. A razão para a desistência? Seus jogadores já defendiam o Estado nazista alemão contra a Suíça. O polonês Wilimowski, o único a marcar quatro gols contra o Brasil na história, alistou-se no Exército alemão na Segunda Guerra Mundial e foi executado em 1946 por colaboração com o inimigo.

O Brasil em 1938

GOLEIROS: Batatais (Fluminense) e Walter (Flamengo)

ZAGUEIROS: Domingos da Guia (Flamengo), Jaú (Vasco), Machado (Fluminense) e Nariz (Botafogo)

MÉDIOS: Zezé Procópio (Botafogo), Brito (América-RJ), Martin Silveira (Botafogo), Brandão (Corinthians), Afonsinho (São Cristóvão) e Argemiro (Portuguesa Santista)

ATACANTES: Roberto (São Cristóvão), Lopes (Corinthians), Romeu Pelliciari (Fluminense), Luizinho (Palestra), Leônidas da Silva (Flamengo), Niginho (Vasco), Perácio (Botafogo), Tim (Fluminense), Hércules (Fluminense) e Patesko (Botafogo)

TÉCNICO: Ademar Pimenta

O Brasil na Copa da França

FASE CLASSIFICATÓRIA

5 DE JUNHO

BRASIL 6 X 5 POLÔNIA

Gols: Leônidas 18, Romeu 25, Perácio 44 do 1º, Perácio 27 do 2º, Leônidas 3 e 12 do 1º tempo da prorrogação (BRA); Wilimowski 22 do 1º, Scherfke 5, Wilimowski 14, 43 do 2º e 17 do 2º da prorrogação (POL)

QUARTAS DE FINAL

12 DE JUNHO

BRASIL 1 X 1 TCHECOSLOVÁQUIA

Gols: Leônidas 30 do 1º (BRA); Nejedly 19 do 2º (TCH)

JOGO DESEMPATE

14 DE JUNHO

BRASIL 2 X 1 TCHECOSLOVÁQUIA

Gols: Leônidas 11, Roberto 18 do 2º (BRA); Kopecky 30 do 1º (TCH)

SEMIFINAIS

BRASIL 1 X 2 ITÁLIA
Gols:Romeu 42 do 2º (BRA)
Colaussi 10, Meazza (pênalti) 15 do 2º (ITA);

DISPUTA DO TERCEIRO LUGAR

19 DE JUNHO
BRASIL 4 X 2 SUÉCIA
Gols: Romeu 43 do 1º, Leônidas 18 e 28 do 2º, Perácio 35 do 2º
(BRA); Jonasson 18, Nyberg 38 do 1º (SUE)

COLOCAÇÃO FINAL
1º Itália
2º Hungria
3º Brasil
4º Suécia

1950
Nunca fomos tão brasileiros

Mais uma vez o Brasil não precisaria de Eliminatórias para chegar a uma Copa. Mas o motivo em 1950 era diferente: o país havia sido escolhido como sede pela Fifa em 1946, quando apresentou à entidade a proposta de construir o maior estádio do mundo em sua capital, o Rio de Janeiro. O local ainda era um incógnita. Alguns defendiam o distante bairro de Jacarepaguá; mas o terreno do Jockey Club, no Maracanã, foi o escolhido.

Após dois anos de discussão, a obra enfim começaria a ser executada em 2 de agosto de 1948. Com capacidade para 155 mil espectadores, o estádio superava o Hampden Park, de Glasgow (Escócia), que chegara a receber 149.547 torcedores em 1937. O Maracanã seria inaugurado a sete dias da Copa, em um sábado, 17 de junho de 1950, ainda inacabado – no Rio de Janeiro, o estádio virou sinônimo de gente feia, grande e mal-acabada. Outros cinco estádios foram escalados: o paulistano Pacaembu, o Independência, em Belo Horizonte, o Eucaliptos de Porto Alegre, o Durival de Brito, em Curitiba, e a Ilha do Retiro, no Recife.

A 2ª Guerra Mundial (1939-1945) fizera com que a Copa deixasse de ser disputada por duas edições seguidas, as de 1942 e 1946. Para a primeira, a favorita para sediá-la era a Alemanha nazista, embora Brasil e Argentina apresentassem candidaturas. Com o final da guerra, apenas o Brasil manteve a disposição de ser sede e levou a indicação.

A Seleção dominava o futebol sul-americano na época. Havia sido campeã continental um ano antes, e só a Argentina, de Di Stéfano, assustava. Mas os vizinhos desistiram da Copa e a Seleção acreditava não ter concorrência. O técnico era Flávio Costa, campeão com o Expresso da Vitória do Vasco, considerado o maior time da história do clube.

Com 38 jogadores, a Seleção partiria para Araxá, em Minas, a quatro meses da Copa. Em maio, já com 27 atletas, ficaria concentrada no estádio de São Januário, antes de ir para a Casa dos Arcos, no Joá, zona sul do Rio. A lista com os 22 convocados foi apresentada à Fifa em 5 de junho. A maioria era carioca (13 atletas), mas pela primeira vez a Seleção contaria com jogadores fora do eixo Rio-São Paulo: Nena e Adãozinho, do Inter-RS.

Por sugestão da CBD, a fórmula de disputa mudou. Os mata-matas deram lugar para uma fase de grupos, classificatória. Os primeiros de cada um dos quatro grupos disputariam um quadrangular final, por pontos corridos. Quem tivesse mais pontos levaria a taça.

Ademir marcou o primeiro gol da Copa no Maracanã, aos 32 minutos do primeiro tempo de Brasil x México, em 24 de junho. Jair, Baltazar e, mais uma vez, Ademir completaram o placar de 4 x 0 para os brasileiros. A Seleção embarcaria para São Paulo, onde enfrentaria quatro dias depois a Suíça, no Pacaembu. Flávio Costa, que havia escalado apenas um paulista contra os mexicanos, mexeu em praticamente todo o time para agradar à torcida local. O Brasil marcaria o primeiro logo aos 2 minutos, com Alfredo, mas sofreria o empate com Fatton 15 minutos depois. Depois de uma série de seis escanteios, a Seleção conseguiria empatar com o corintiano Baltazar, aos 31 minutos. Ao tentar administrar o resultado, no segundo tempo, o Brasil sofreria o gol de empate a dois minutos do fim, mais uma vez com Fatton. O suíço Friedlander quase virou o jogo aos 45 minutos.

O empate fizera a Seleção sair do Pacaembu vaiada e desacreditada. A próxima partida, no Maracanã, seria contra a Iugoslávia, que precisava de um empate para ir à fase final. Os paulistas escalados contra a Suíça saíram do time. O jogo começaria sem a principal peça adversária: o armador Rajko Mitic, que afundara a testa numa barra metálica no teto do túnel de acesso ao campo. Ele só entraria aos 10 minutos de jogo, com a cabeça enfaixada. Logo aos 3 minutos, Ademir, de costas para o gol, girou e acertou o canto esquerdo. Barbosa, o goleiro, barrava os ataques iugoslavos. A Seleção só ampliaria na etapa final: Mrkusic defendeu o chute de Ademir, mas não conteve o de Zizinho. Brasil, na fase final, 2 x 0.

Um sorteio feito pela Fifa definiu a ordem dos adversários da Seleção no quadrangular decisivo. A Suécia, o primeiro deles, foi batida por 7 x 1, quatro deles de Ademir, até hoje o maior número de gols feito por um brasileiro em uma única partida de Copa. O massacre continuaria na partida seguinte: 6 x 1 contra a Espanha. A multidão de mais de 160 mil pessoas acenava com lenços enquanto cantava a marchinha "Tourada em Madri". Para o primeiro título mundial, o Brasil só dependeria de um empate contra o Uruguai.

Mas havia um adversário maior: o clima de já ganhou. No dia da final, 16 de junho de 1950, assistida no Maracanã por 172.772 pessoas o maior público das Copas, lembranças da vitória eram vendidas sem culpa. Os jornais daquele dia estampavam nas manchetes o título quase certo. Uma dessas edições, a do diário *O Mundo* , serviria para o capitão uruguaio, o zagueiro Obdulio Varela, estimular seus companheiros no vestiário.

Dentro do campo, o Brasil saiu na frente com Friaça, no primeiro minuto do segundo tempo. Vinte minutos depois, Schiaffino empataria, provocando no Maracanã o que ficou conhecido como "um silêncio de morte". O resultado ainda daria a taça para a Seleção, mas Ghiggia faria o segundo gol uruguaio aos 34 minutos. O Uruguai era bicampeão.

No dia seguinte, os jornais atribuíam a derrota a falhas táticas, mas outros vilões apareceriam nos anos e décadas seguintes. O técnico Flávio Costa culparia a falta de concentração da Seleção, que na véspera e no dia da final recebeu visitas de políticos interessados em colar suas imagens à da conquista. E lendas surgiriam, como a do tapa de Varela em Bigode, depois de o brasileiro ter feito uma falta em Ghiggia na linha lateral. A mais famosa delas, no entanto, é a de que o goleiro Barbosa, tido como o vilão da final, usou as traves do Maracanã naquele dia para expurgar o passado em uma churrascada.

O Brasil em 1950

GOLEIROS: Barbosa (Vasco) e Castilho (Fluminense)

ZAGUEIROS: Augusto (Vasco), Nílton Santos (Botafogo), Juvenal (Flamengo) e Nena (Internacional)

MÉDIOS: Bauer (São Paulo), Eli (Vasco), Danilo (Vasco), Rui (São Paulo), Bigode (Flamengo) e Noronha (São Paulo)

ATACANTES: Friaça (São Paulo), Alfredo II (Vasco), Zizinho (Bangu), Maneca (Vasco), Baltazar(Corinthians), Adãozinho (Internacional), Jair Rosa Pinto (Palmeiras), Ademir de Menezes (Vasco), Chico (Vasco) e Rodrigues (Palmeiras)

TÉCNICO: Flávio Costa

O Brasil na Copa do Brasil

PRIMEIRO TURNO

Grupo 1

24 DE JUNHO

BRASIL 4 X 0 MÉXICO

Gols: Ademir 32 do 1º, Jair 21, Baltazar 27 e Ademir 36 do 2º

28 DE JUNHO

BRASIL 2 X 2 SUÍÇA

Gols: Alfredo II 3 e Baltazar 31 do 1º (BRA);
Fatton 16 do 1º e 43 do 2º (SUI)

1º DE JULHO

BRASIL 2 X 0 IUGOSLÁVIA

Gols: Ademir 3 do 1º e Zizinho 24 do 2º

FINAIS

9 DE JULHO

BRASIL 7 X 1 SUÉCIA

Gols: Ademir 17 e 36, Chico 39 do 1º, Ademir 7 e 9, Maneca 40 e
Chico 43 do 2º (BRA); Andersson 22 do 2º (SUE)

13 DE JULHO

BRASIL 6 X 1 ESPANHA

Gols: Ademir 15, Jair 21, Chico 31 do 1º e 10 do 2º, Ademir 12 do
2º, Zizinho 22 do 2º (BRA); Igoa 26 do 2º (ESP)

16 DE JULHO

BRASIL 1 X 2 URUGUAI

Gols: Friaça 2 do 2º (BRA);
Schiaffino 21 e Gigghia 34 do 2º (URU)

COLOCAÇÃO FINAL
1º Uruguai
2º Brasil
3º Suécia
4º Espanha

1954
Suíça não cura ressaca de 1950

A ressaca da derrota de 1950 começou a ser amaciada dois anos depois, com a conquista do Pan-Americano de 1952, no Chile. Flavio Costa foi substituído por Zezé Moreira no comando da Seleção, que impôs novo estilo de jogo: um dos pontas recuava para ajudar na marcação, que passara a ser executada por zona. Zezé durou até o Sul-Americano de 1953, no Peru, quando foi substituído pelo irmão, Aimoré Moreira, mas voltou em 1954. O Brasil também trocara de roupa: vestia camisa amarela e calções azuis.

Pela primeira vez a Seleção teria de enfrentar as Eliminatórias para chegar até a Copa, programada para a Suíça em 1954. Venceu o Chile (2 x 0 e 1 x 0) e o Paraguai (1 x 0 e 4 x 1). Vaga assegurada, Zezé Moreira chamou, em 1º de abril, 28 jogadores, que partiriam para Caxambu, em Minas. O corte final foi feito em 22 de maio. Sobraram onze jogadores do Rio e onze de São Paulo, de todos os times considerados grandes.

Havia uma espécie de "blitz" de patriotismo e um cerco a possíveis "mercenários" na Seleção: jogadores eram obrigados a beijar a bandeira antes dos jogos e Zizinho, o maior jogador do Brasil à época, ficou de fora. O motivo alegado era médico (o craque sofria de uma prostatite crônica, mas se comentava que o corte fora provocado pelo movimento liderado pelo craque por uma premiação maior pelos resultados).

Carregada de feijão, carne seca e goiabada, que depois seriam preparados pelo cozinheiro Laudelino de Oliveira, a Seleção pela primeira vez foi de avião para uma Copa.

O adversário mais temido, a Hungria, era menosprezada pelo técnico Zezé Moreira. "É o mesmo que enfrentar o Paraguai", dizia, ao mesmo tempo em que proclamava que a Copa seria "uma guerra de raças". "Os árbitros europeus têm horror aos negros". Nenhuma das afirmações, no entanto, se justificava. Não havia comparação entre o futebol húngaro e o paraguaio – basta lembrar que os magiares venceram 23 dos 27 jogos realizados entre as Copas de 1950 e de 1954 e empataram os quatro restantes.

Na primeira Copa televisionada – para a Europa, bom que se diga –, as notícias continuavam chegando pelo rádio. A TV, inaugurada no Brasil quatro anos antes, exibia apenas comentaristas que analisavam os jogos, sabe-se lá como. As imagens do Mundial da Suíça seriam exibidas nos cinemas apenas um mês depois.

O Brasil estreou no Mundial vencendo fácil o México por 5 x 0, com gols de Baltazar, Didi, Pinga (dois) e Julinho. O segundo era contra a Iugoslávia, que havia batido a França e precisava de apenas um empate para avançar para as quartas-de-final.

O regulamento era, de longe, o mais esdrúxulo da história das Copas. As dezesseis seleções eram divididas em quatro grupos de quatro com dois cabeças de chave cada um. Esses times enfrentavam as outras duas seleções do grupo e não se cruzavam na fase de grupos. Os dois melhores avançavam. Se existisse empate em pontos, haveria um jogo extra.

O detalhe é que os brasileiros não sabiam disso e entraram em campo achando que precisavam vencer os iugoslavos para continuar na Copa. Zebec fez o primeiro para os rivais e Didi empatou num chute de fora da área. Os brasileiros reclamaram de um lance no fim do jogo, que seria um pênalti claro. Os dois times foram para uma prorrogação inútil, já que o resultado classificaria ambos. Com mímicas, os iugoslavos tentavam avisar os brasileiros da circunstância, mas nosso time continuava indo para o ataque. Quando o jogo terminou, a festa dos adversários contrastou com a tristeza brasileira. Só nos vestiários eles foram avisados da classificação para as quartas de final.

Contra a Hungria, o Brasil resistiu bravamente às investidas de Kocsis e Czibor, mesmo com as estranhas ausências de Baltazar e Pinga, destaques no torneio – jogaram no lugar deles Índio e Humberto. Sob chuva e de travas erradas nas chuteiras, que provocaram uma série de tombos, a Seleção não conteve a blitz húngara. Impulsionados por um novo método, o aquecimento, eles já venciam aos 5 minutos do primeiro tempo por 2 x 0, com gols de Hidegkuti e Kocsis. Djalma Santos diminuiu ainda aos 18 minutos.

A essa altura, o Brasil já desenhava a crônica de como a partida viria a ser lembrada: a Batalha de Berna. Brandãozinho retribuiu com um tapa a entrada de Hidegkuti. Nilton Santos e Pinheiro emparedavam Toth, que saiu mancando de campo. Nilton Santos não resistiria até o fim do jogo: seria expulso depois de trocar empurrões com Bozsic. O mesmo caminho seguiria Humberto, punido por dar uma voadora em Lóránt.

A Hungria ampliaria depois de Pinheiro tocar com a mão na bola e o juiz assinalar pênalti, convertido por Lantos. Julinho descontaria com um golaço, num chute de curva. O quarto gol húngaro foi de cabeça, com Kocsis, supostamente em impedimento. Final: Hungria 4 x 2 Brasil. A Seleção voltaria mais uma vez sem uma Copa do Mundo, mas com a fama de time brigão: ao final do jogo, Maurinho socou Czibor, Puskás acertou uma garrafa na testa de Pinheiro e até o técnico Zezé Moreira entrou na dança, ao acertar uma chuteira no rosto de Guzstáv Sebes. Houve até mesmo uma campanha para que o Brasil fosse excluído de futuras competições internacionais, encampada por um jornal britânico.

Os húngaros seguiriam na Copa até a final, mas foram barrados pela paciência alemã e por seu próprio veneno. O aquecimento antes de entrar em campo garantia a folga de 2 x 0 ainda nos dez primeiros minutos, mas a Alemanha Ocidental conseguiria igualar o marcador sete minutos depois. Sustentados por um excepcional vigor físico, os alemães ocidentais mantiveram o pique dos primeiros minutos para virar o jogo a apenas 6 minutos do fim. Aquela não seria a primeira vez que os alemães, campeões mundiais, superariam um time considerado favorito: a história voltaria a se repetir dali a vinte anos.

O Brasil em 1954

GOLEIROS: Castilho (Fluminense), Veludo (Fluminense)
e Cabeção (Corinthians)
ZAGUEIROS: Mauro (São Paulo), Pinheiro (Fluminense), Nílton
Santos (Botafogo), Alfredo (Vasco) e Paulinho (Vasco)
MÉDIOS: Bauer (São Paulo), Eli (Vasco), Dequinha (Flamengo),
Rubens (Flamengo) e Brandãozinho (Portuguesa)
ATACANTES: Julinho (Portuguesa), Maurinho (São Paulo), Pinga
(Vasco), Humberto (Palmeiras), Didi (Botafogo), Índio
(Flamengo), Baltazar (Corinthians) e Rodrigues (Palmeiras)
TÉCNICO: Zezé Moreira

O Brasil na Copa da Suíça

FASE CLASSIFICATÓRIA
Grupo 1
16 DE JUNHO
BRASIL 5 X 0 MÉXICO
Gols: Baltazar 23, Didi 30, Pinga 38 e 43 do 1º, Julinho 23 do 2º

19 DE JUNHO
BRASIL 1 X 1 IUGOSLÁVIA
Gols: Didi 24 do 1º (BRA); Zebec 3 do 2º (IUG)

QUARTAS DE FINAL
27 DE JUNHO
BRASIL 2 X 4 HUNGRIA
Gols: Djalma Santos (pênalti) 18 do 1º, Julinho 20 do 2º (BRA);
Hidegkuti 4, Kocsis 7 do 1º, Lantos (pênalti) 15,
Kocsis 42 do 2º (HUN)

COLOCAÇÃO FINAL

1º Alemanha Ocidental
2º Hungria
3º Áustria
4º Uruguai
5º Brasil

1958
Nossa primeira Copa

Edson Arantes do Nascimento, o Pelé, um meia-atacante nascido em Três Corações (MG), ainda não estava vivo quando o Brasil perdeu as suas três primeiras Copas. Em 1950, quando o Uruguai massacrou os sonhos do primeiro Mundial brasileiro, tinha apenas dez anos e jurou ao pai, o ex-jogador Dondinho, que chegaria à Seleção para levá-la à taça.

A primeira parte dessa promessa foi cumprida sete anos depois. Pelé viajaria de Minas até a paulista Bauru e de lá para Santos, para estrear no time local aos 15 anos, em 1956, dois anos depois de outra frustração brasileira, na Copa da Suíça. Aos 17, já estava na Seleção – na estreia, marcou o único gol brasileiro na derrota por 2 x 1 para a Argentina.

No ataque brasileiro, Pelé teria a companhia de outro gênio. Garrincha tinha 22 anos quando vestiu pela primeira vez a camisa amarela, mas demorou para firmar-se entre os titulares.

Até chegar à dupla, o Brasil encarou seus defeitos. A inexperiência internacional era um. Em 1956, a Seleção embarcou para a Europa para a primeira excursão só de amistosos no continente. Dois anos depois, o ex-atleta de pólo aquático João Havelange assumia a CBD com o objetivo de profissionalizá-la. Seu vice era Paulo Machado de Carvalho. Uma comissão foi montada: um supervisor, um médico, um preparador físico, um psicólogo e um dentista. O técnico era Vicente Feola.

O destino daquele grupo seria a Suécia, escolhida pela Fifa em 1948 para sediar a sexta edição da Copa do Mundo. O Brasil garantiu a vaga em 1957 contra o Peru (empate em 1 x 1 em Lima e vitória por 1 x 0 no Rio). O outro adversário, a Venezuela, desistiu.

Um roteiro detalhado, com o dia a dia de trabalho da Seleção até a Copa, foi apresentado em 31 de março de 1958 com o nome de 33 convocados – flamenguistas à frente, com seis jogadores, seguidos por botafoguenses, vascaínos e são-paulinos, com cinco. A Seleção partiu em 10 de abril para Poços de Caldas, interior de Minas, onde treinou por vinte dias.

Dois dos integrantes da comissão técnica se destacavam. O dentista Mario Trigo fez quinhentas obturações e extrações, mas ganhou a delegação com seu estoque de piadas. O psicólogo era João Carvalhaes, empregado da CMTC, a empresa pública de ônibus em São Paulo. Na companhia, ele era responsável por aplicar exames psicotécnicos àqueles que se candidatavam a uma vaga de motorista. Na Seleção, ao aplicar os mesmos testes, descobriu que os jogadores eram infantis e de QI (quociente intelectual) baixo.

Antes do embarque para a Suécia, onze jogadores foram cortados. Os 22 que restaram (dez de São Paulo e doze do Rio) viram o time ser vaiado por um Pacaembu lotado nos 5 x 0 sobre o Corinthians. O motivo era o corte do atacante Luizinho. Em clima de guerra, o lateral corintiano Ari Clemente rachou com Pelé e deixou o menino rolando no chão. O craque chegou a ser desenganado pelos médicos da Seleção. A solução seria cortá-lo e chamar Almir, do Vasco. Mas a comissão técnica assumiu o risco e o manteve no grupo.

A Seleção embarcou para a Copa em 24 de maio, mas só chegou à Suécia em 3 de junho, cinco dias antes de estrear. Garrincha havia perdido a posição de titular depois de driblar quase todo o time da Fiorentina, na Itália, e, com o gol livre, esperar outro jogador para driblá-lo novamente e entrar com bola e tudo. Desrespeito, segundo a comissão técnica.

Sem ele e o machucado Pelé, o Brasil estreou na Copa vencendo a Áustria por 3 x 0. Mazzola marcou dois gols, aos 38 minutos do primeiro tempo e aos 44 minutos da etapa final, e Nilton Santos fez o seu, antológico: serviu Mazzolla, que devolveu a bola no ataque para o lateral, conhecido como "Enciclopédia", marcar. O técnico Vicente Feola, do banco, gritava desesperadamente: "Volta, Nilton, volta!". Mas teve que engolir o gol do botafoguense.

O grupo do Brasil era o mais forte do torneio – havia também a União Soviética e a Inglaterra. Contra os ingleses, três dias depois, houve um empate sem gols. Foi a primeira vez que um jogo de Copa do Mundo terminava sem gols.

Diz-se que, para o próximo jogo, contra a União Soviética, parte dos jogadores – Nilton Santos à frente – exigiu a escalação do volante Zito e da dupla Pelé-Garrincha. Verdade ou não, os dois foram o nome do jogo. Na primeira bola contra os mestres do "futebol científico", Garrincha driblou seus marcadores e acertou a trave. Um minuto depois, Pelé completava a jogada de Garrincha outra vez na trave. No lance seguinte, Vavá recebia de Didi para abrir o placar. Ele também marcaria o segundo, depois de trocar passes com Pelé. Era um assombro. Brasil 2 x 0 União Soviética.

Classificado, o Brasil enfrentaria nas quartas de final o País de Gales, armado sob uma forte retranca – eram dez jogadores na defesa e apenas um entre o meio e o ataque. O goleiro Gilmar não fez uma defesa no primeiro tempo. No segundo tempo, Pelé venceu a retranca com uma jogada genial: deu um lençol com o pé direito no zagueiro Mel Charles e marcou o único gol do jogo, seu primeiro em Copas. A Seleção estava na semifinal.

Contra a França, o Brasil faria o melhor jogo do torneio. Vavá abriu o marcador e o francês Fontaine – o homem que mais gols marcou em uma única Copa, 13 – empatou. Mas havia Pelé para desequilibrar. Depois de Didi marcar o da virada, ele fez três vezes. A França descontaria, mas a Seleção chegava à sua segunda final, contra a Suécia.

O Brasil saiu perdendo para os suecos três vezes. Fora obrigado a trocar a camisa amarela pela azul ("como o manto de Nossa Senhora", justificaria Paulo Machado de Carvalho ao grupo). No cara ou coroa, a Suécia teve o direito de escolher campo ou bola. Escolheu campo. Dada a saída, o time adversário abriria o marcador logo aos quatro minutos.

Mas havia Didi, que, com a bola embaixo dos braços, a levou até o círculo central. "Vamos encher esses gringos", disse. Aos 9 minutos, a vantagem desabara com o gol de Vavá. Pelé, em seguida, acertou a trave e, alguns minutos depois, Zagallo salvava o segundo gol sueco com uma cabeçada sobre a risca. Aos 31 minutos, Garrincha serviu Vavá, que marcou o da virada brasileira. Pelé faria o terceiro e o quinto; Zagallo, o quarto. A Suécia marcou mais um, mas não foi suficiente. Brasil, 5 x 2. Éramos campeões mundiais.

O massagista Mario Américo ficou com a bola do jogo. Pelé e Zagallo choravam sem parar. Uma bandeira da Suécia foi carregada pelos brasileiros. Bellini levantou a taça e, depois, no Brasil, ganhou um beijo da miss Adalgisa Colombo. Eita esquadrão de ouro!

O Brasil em 1958

GOLEIROS: Gilmar (Corinthians) e Castilho (Fluminense)

LATERAIS DIREITOS: Djalma Santos (Portuguesa)
e De Sordi (São Paulo)

LATERAIS ESQUERDOS: Nílton Santos (Botafogo)
e Oreco (Corinthians)

ZAGUEIROS: Bellini (Vasco), Orlando (Vasco), Mauro
(São Paulo) e Zózimo (Bangu)

VOLANTES: Zito (Santos) e Dino Sani (São Paulo)

MEIAS: Didi (Botafogo), Pelé (Santos), Moacir (Flamengo)
e Dida (Flamengo)

ATACANTES: Garrincha (Botafogo), Joel (Flamengo), Vavá
(Vasco), Mazola (Palmeiras),Zagallo (Flamengo)
e Pepe (Santos)

TÉCNICO: Vicente Feola

O Brasil na Copa da Suécia

OITAVAS DE FINAL
Grupo 4
8 DE JUNHO
BRASIL 3 X 0 ÁUSTRIA
Gols: Mazola 38 do 1º, Nílton Santos 5 e Mazola 44 do 2º

11 DE JUNHO
BRASIL 0 X 0 INGLATERRA

15 DE JUNHO
BRASIL 2 X 0 UNIÃO SOVIÉTICA
Gols: Vavá 2 do 1º e 21 do 2º

QUARTAS DE FINAL
19 DE JUNHO
BRASIL 1 X 0 PAÍS DE GALES
Gol: Pelé 21 do 2º

SEMIFINAIS
24 DE JUNHO
BRASIL 5 X 2 FRANÇA
Gols: Vavá 2, Didi 39 do 1º, Pelé 9, 19 e 30 do 2º (BRA);
Fontaine 9 do 1º e Piantoni 40 do 2º (FRA)

FINAL

29 JUNHO

BRASIL 5 X 2 SUÉCIA

Gols: Vavá 8 e 32 do 1º, Zagallo 23 e Pelé 10 e 45 do 2º (BRA);
Liedholm 3 do 1º e Simonsson 35 do 2º (SUE)

COLOCAÇÃO FINAL

1º Brasil

2º Suécia

3º França

4º Alemanha Ocidental

1962
Garrincha compensa
a falta de Pelé

A vitória na Suécia reforçou a confiança brasileira. O bi parecia mais fácil: por ter sido campeão na Copa anterior, o Brasil não precisaria das Eliminatórias. E a Copa seria muito perto, no Chile, que vencera, em 1956, Espanha, Alemanha Ocidental e Argentina a disputa para sediá-la. Nem um terremoto, em 1960, abalou a disposição chilena.

A CBD repetiu tudo o que havia dado certo quatro anos antes, desde os convocados até o avião que levaria a delegação. A superstição era tanta que o piloto, o mesmo do voo de 1958, teve que deixar crescer o cavanhaque que havia arrancado na volta da Suécia. Só Vicente Feola, o técnico campeão, escapou. Doente, foi substituído por Aymoré Moreira.

No campo, o Brasil arrasava. Desde a conquista da Copa, a Seleção venceu 28 dos 32 jogos que realizou. Entre 1961 e 1962, nem mesmo empatou nas onze partidas realizadas antes do Mundial. Em abril, 41 convocados foram para Campos do Jordão, local dos testes físicos. Com o corte de dezenove jogadores, a delegação faria uma via-crúcis até embarcar para a Copa:

de Campos para o Rio, de lá para Brasília, Campinas e, enfim, Santiago do Chile. O frio de junho (a temperatura era de 8 °C) forçou o time a usar camisas de manga comprida, que só voltariam a ser repetidas na Argentina, em 1978.

O sorteio do Mundial deixou o Brasil mais uma vez em um grupo forte. O México, rival da estreia, era o que menos assustava. E justificou a fama de saco de pancadas ao perder para a Seleção por 2 x 0, gols de Zagallo e Pelé. O atacante santista brilhou: cruzou para o gol de cabeça de Zagallo e passou por cinco mexicanos antes de completar o segundo.

Mas os demais... A Tchecoslováquia tinha um bom time, confirmado com o desempenho na competição – repetiria o duelo contra o Brasil na final. Tanto que, no segundo jogo da competição, os dois times não saíram do zero. Pior para o Brasil: o país ainda enfrentaria a forte Espanha, dos naturalizados Puskas (ex-Hungria) e Di Stéfano (ex-Argentina, que, por fim, não entraria em campo), sem Pelé. Nosso maior jogador havia sentido uma contusão ao arriscar um chute de fora da área aos 27 minutos do primeiro tempo contra os tchecos. Como não havia substituições, se arrastou na ponta direita até o fim do jogo. Era o seu último jogo na Copa.

Os espanhóis, porém, não contavam que a sorte e o juiz estavam do nosso lado no jogo seguinte. Em um chute de longe, a Espanha abriu 1 x 0. Mas, logo depois, o juiz chileno Sergio Bustamante deixou de marcar pênalti claro de Nilton Santos em Collar e anulou o gol de bicicleta de Peiró por jogo perigoso. Amarildo, substituto de Pelé, fez o gol de empate aos 27 minutos do segundo tempo.

1962 — GARRINCHA COMPENSA A FALTA DE PELÉ

Amarildo faria ainda o da virada, aos 41 minutos, ao completar jogada genial de Garrincha, que deixou três marcadores para trás.

Classificado, o Brasil enfrentaria os ingleses nas quartas. E Garrincha, cujo desempenho na primeira fase havia sido apenas regular, acordou. Criou as jogadas dos três gols. O primeiro, dele, foi de falta. No segundo, serviu Vavá, que fez de cabeça. No terceiro, viu o goleiro inglês adiantado e completou de cobertura. A Inglaterra marcou um gol, mas o dia britânico foi mais lembrado pelo cachorro que invadiu o campo e foi capturado pelo atacante Jimmy Greaves. O bicho foi o único a driblar Garrincha naquela Copa.

O adversário na semifinal seria o Chile, famoso pela batalha campal protagonizada ainda na primeira fase contra a Itália. O motivo foram insultos escritos pela imprensa italiana contra o país. A arbitragem, que favorecera o Brasil contra a Espanha, estava agora do lado chileno. O peruano Arturo Yamazaki anulou um gol de Vavá e marcou um pênalti duvidoso para os donos da casa. Mas havia Garrincha em campo. Marcou o primeiro gol de perna esquerda (a "errada"), o segundo de cabeça e cobrou o escanteio para Vavá anotar o terceiro também com uma cabeçada. O Chile diminuiu de falta, com Toro, e de pênalti com Leonel Sanchez. Vavá ainda faria o quarto gol brasileiro. Mais uma vez, estávamos na final, mas sem Garrincha, expulso ao dar um pontapé no lateral Eladio Rojas, caído no gramado. O craque ainda levaria uma pedrada ao sair de campo.

A Fifa julgou a expulsão e convocou o juiz para explicar a expulsão de Mané Garrincha. Até o então primeiro-ministro Tancredo Neves foi convocado para ajudar o time brasileiro. Ao júri, Arturo Yamazaki disse não ter visto o lance, relatado pelo bandeirinha Esteban Marino. O auxiliar, porém, sumiu sem que os delegados pudessem ouvi-lo para confirmar a agressão – ou foi "sumido" pela CBD, segundo história contada na época, com férias pelo Brasil pagas pela entidade. E a suspensão de Mané Garrincha foi anulada por "falta de provas". Garrincha poderia enfrentar os tchecos na final.

Só não esperava que uma gripe forte e uma febre de 38 graus o tiraria praticamente de combate. Mesmo assim, foi escalado por Aimoré Moreira. Os tchecos começaram vencendo, gol de Masopust, mas, em um dia sombrio, o goleiro Schroiff praticamente entregou o bi aos brasileiros. Amarildo, sem ângulo, chutou entre ele e a trave e marcou o do empate. Zito, que só havia marcado um pela Seleção, fez o segundo – dele e do jogo – no segundo tempo, de cabeça. Schroiff voltaria a ajudar os brasileiros no lance do terceiro, quando soltou a bola dentro da área, nos pés de Vavá.

Como a Itália e o Uruguai, o Brasil era bicampeão. Não devíamos nada a nenhum outro time do planeta. Mas, para 1966, tínhamos um problema: era preciso renovar a Seleção.

O Brasil de 1962

GOLEIROS: Gilmar (Santos) e Castilho (Fluminense)

LATERAIS DIREITOS: Djalma Santos (Palmeiras)
e Jair Marinho (Fluminense)

LATERAIS ESQUERDOS: Nílton Santos (Botafogo)
e Altair (Fluminense)

ZAGUEIROS: Mauro (Santos), Bellini (São Paulo), Zózimo
(Bangu) e Jurandir (São Paulo)

VOLANTES: Zito (Santos) e Zequinha (Palmeiras)

MEIAS: Didi (Botafogo), Pelé (Santos), Amarildo (Botafogo)
e Mengálvio (Santos)

ATACANTES: Garrincha (Botafogo), Jair da Costa (Portuguesa),
Vavá (Palmeiras), Coutinho (Santos), Zagallo (Botafogo)
e Pepe (Santos)

TÉCNICO: Aymoré Moreira

O Brasil na Copa do Chile

OITAVAS DE FINAL
Grupo 3
30 DE MAIO
BRASIL 2 X 0 MÉXICO
Gols: Zagallo 11, Pelé 27 do 2º

2 DE JUNHO
BRASIL 0 X 0 TCHECOSLOVÁQUIA

6 DE JUNHO
BRASIL 2 X 1 ESPANHA
Gols: Amarildo 27 e 41 do 2º (BRA); Adelardo 35 do 1º (ESP)

QUARTAS DE FINAL
10 DE JUNHO
BRASIL 3 X 1 INGLATERRA
Gols: Garrincha 32 do 1º, Vavá 8, Garrincha 14 do 2º (BRA); Hitchens 38 do 1º (ING)

SEMIFINAIS
13 DE JUNHO
BRASIL 4 X 2 CHILE
Gols: Garrincha 9 e 31 do 1º, Vavá 3 e 32 do 2º (BRA); Toro 41 do 1º, Leonel Sanchez 16 do 2º (CHI)

FINAL

17 DE JUNHO

BRASIL 3 X 1 TCHECOSLOVÁQUIA

Gols: Amarildo 16 do 1º, Zito 23, Vavá 34 do 2º (BRA);
Masopust 15 do 1º (TCH)

COLOCAÇÃO FINAL

1º Brasil

2º Tchecoslováquia

3º Chile

4º Iugoslávia

1966
O "já ganhou" já era

"O Brasil tem o melhor futebol do mundo, mas essa é uma de suas piores seleções.". A frase, do técnico Oto Glória, que dirigiu Portugal na Copa da Inglaterra e treinou, no Brasil, Vasco e Portuguesa, profetizou o destino daquele grupo de jogadores de 1966.

A esperança era de que aquela delegação trouxesse da Inglaterra o tricampeonato. Mas, na bagagem, só havia a frustração de terminar nem mesmo entre os dez melhores da Copa.

A bagunça começou a ser plantada depois da conquista do bi, no Chile. O país levava mesmo a sério o lema da marchinha dos dois títulos anteriores, "com brasileiro não há quem possa". Independentemente dos adversários, nos achávamos melhores do que eles.

Com tanta certeza de vitória, os cuidados das Copas anteriores foram deixados de lado. Paulo Machado de Carvalho rompeu com João Havelange e não chefiaria a delegação. Não houve planejamento. Vicente Feola foi reconduzido ao comando da Seleção, mas sob uma intensa vigilância – era comum flagrá-lo dormindo no banco de reservas.

Faltando dois meses para a Copa, 47 jogadores foram chamados para os treinamentos. Menos da metade deles iria para a Inglaterra. Cinco cidades receberam a Seleção para os treinos, mesmo assim insuficientes – eles só foram concluídos na Europa. O time-base nunca era definido; no lugar dele, os convocados se enfrentavam em rachões. Garrincha, agora no Corinthians, seguia a má fase que se estendia desde 1963. No primeiro corte, em 16 de junho, 19 jogadores foram dispensados, entre eles Carlos Alberto Torres, campeão no México em 1970. A Seleção embarcaria no dia seguinte, com avião e piloto diferentes das duas Copas anteriores. A última dispensa foi anunciada em 1º de julho. Cinco jogadores voltaram para o Brasil. Amarildo, herói de 1962, era um deles.

O destino dos 22 que restavam era a Inglaterra, escolhida pela Fifa em 1960 como a sede do Mundial. Não houve concorrentes. No sorteio, foi decidido que o Brasil ficaria em um grupo diferente dos donos da casa. Sobraram Bulgária e Portugal, considerados "babas", e a Hungria, a última a vencer o Brasil em uma Copa, em 1954.

A estreia, contra a Bulgária, manteve as esperanças do tricampeonato. Foram dois gols de falta, de Pelé e Garrincha, na última exibição conjunta dos dois craques. Com eles em campo, o Brasil nunca perdeu em Copas. Mas o jogo seguinte, diante da Hungria, foi um pesadelo. Voltamos a cair para o mesmo time que nos derrotou em 1954, desta vez por 3 x 1. Pelé foi poupado por Feola, que considerou o último jogo, contra Portugal, mais difícil do que aquele. Os húngaros abriram com Bene, logo aos 2 minutos do primeiro tempo. Tostão empatou, em uma bola espirrada em falta cobrada pelo santista Lima. Farkas, no entanto, marcou um de sem-pulo e Meszoly, de pênalti, fez o terceiro gol húngaro.

A partida foi acompanhada em São Paulo por um painel eletrônico gigante na praça da Sé, em que lâmpadas representavam a posição da bola e dos jogadores em campo. Um homem quase foi linchado por gritar "Viva a Hungria!" entre a multidão – 20 pessoas ficaram feridas.

Na última partida, contra Portugal, o Brasil entrou em campo sabendo que precisaria desclassificar os patrícios para continuar na Copa, o que só conseguiria com uma vitória por 3 x 0. Feola, convencido a mexer na equipe, escalou Paraná para fazer dupla com Pelé no ataque em vez de Tostão. Brigou e chegou a ameaçar abandonar o cargo por isso.

A dupla, porém, fez pouco contra os portugueses. Pelé recebeu duas entradas violentas de Morais e foi carregado para fora do gramado aos 31 minutos do primeiro tempo. No vestiário, recebeu infiltrações para voltar no segundo tempo, com o joelho enfaixado – não havia substituições. Ficou encostado na lateral, fazendo número. Paraná fez menos do que isso.

Os outros nove? O goleiro Manga, em uma de suas famosas trapalhadas, saiu para cortar um cruzamento mas deixou a bola livre para Eusébio, artilheiro daquela Copa, marcar. No segundo gol, nova falha de Manga num cruzamento e novo gol de Eusébio. Rildo, aos 28 minutos do segundo, descontaria, mas Eusébio, de novo, decretaria os 3 x 1 para Portugal.

Até Oto Glória, o técnico de Portugal, reclamava do Brasil: "Colocaram Jairzinho, que joga na direita, de ponta-esquerda. O Garrincha é uma sombra. Será que a comissão técnica não vê isso?".

Estávamos eliminados da Copa. O voo da delegação brasileira atrasaria nove horas para escapar das vaias na chegada ao Rio de Janeiro. Pelé dizia que aquela era sua última Copa – mudaria de ideia quatro anos depois.

Em campo, a Inglaterra, que eliminou Portugal na semifinal, conquistava um título polêmico ao derrotar a Alemanha por 4 x 2 na final. A partida terminou empatada em 2 x 2 no tempo normal. Na prorrogação, os ingleses marcaram o terceiro (uma bola que não passou da linha do gol) e o quarto – quando torcedores ocupavam o gramado. A culpa caiu sobre o bandeirinha soviético Tofik Bakhramov, o único a enxergar gol no lance.

O Brasil de 1966

GOLEIROS: Gilmar (Santos) e Manga (Botafogo)

LATERAIS DIREITOS: Djalma Santos (Palmeiras)
    e Fidélis (Bangu)

LATERAIS ESQUERDOS: Rildo (Botafogo)
    e Paulo Henrique (Flamengo)

Zagueiros: Bellini (São Paulo), Brito (Vasco), Orlando
    (Santos) e Altair (Fluminense)

Volantes: Zito (Santos) e Denílson (Fluminense)

MEIAS: Lima (Santos), Pelé (Santos), Tostão (Cruzeiro)

e Gérson (Botafogo)

ATACANTES: Garrincha (Corinthians), Jairzinho (Botafogo), Alcindo (Grêmio), Silva (Flamengo), Paraná (São Paulo) e Edu (Santos)

TÉCNICO: Vicente Feola

O Brasil na Copa da Inglaterra

OITAVAS DE FINAL

Grupo 3

12 DE JULHO

BRASIL 2 X 0 BULGÁRIA

Gols: Pelé 15 do 1º e Garrincha 18 do 2º

15 DE JULHO

BRASIL 1 X 3 HUNGRIA

Gols:Tostão 14 do 1º (BRA);

Bene 2 do 1º, Farkas 19 e Meszoly 28 do 2º (HUN)

19 DE JULHO

BRASIL 1 X 3 PORTUGAL

Gols: Rildo 28 do 2º (BRA);

Simões 15, Eusébio 26 do 1º e Eusébio 40 do 2º (POR)

COLOCAÇÃO FINAL

1º Inglaterra

2º Alemanha Ocidental

3º Portugal

4º União Soviética

11º Brasil

1970
Da desconfiança surge o tri

Aquele Brasil de Pelé, Jarzinho, Rivellino, Gerson e Tostão era apenas mais um entre as 69 seleções que participaram das Eliminatórias para a Copa do México, em 1970. Até o time desembarcar na capital mexicana, havia muita desconfiança quanto ao desempenho daquela seleção.

Para participar da nona edição da Copa do Mundo, o Brasil precisou vencer todos os duelos contra o Paraguai, a Venezuela e a Colômbia em turno e returno. Marcou 23 gols e sofreu dois em seis jogos disputados entre 29 de julho e 31 de agosto de 1969. Na época, o time, treinado pelo jornalista João Saldanha, era conhecido como "As Feras do João".

As Eliminatórias guardaram novidades. Pela primeira vez, um país da África teria vaga assegurada (Marrocos foi o vencedor). Guerras coincidiam com decisões, como a entre Honduras e El Salvador, em que o governo hondurenho determinou a expulsão de todos os vizinhos um dia depois da derrota da seleção do país. Até Israel, de pouca tradição no esporte, apareceria entre os dezesseis classificados para o Mundial.

A sede da Copa era conhecida desde 1964, quando o México bateu a Argentina em votação aberta entre 95 membros da Fifa – recebeu 52 votos contra 37 dos platinos. Para encarar os 2.240 metros de altitude da Cidade do México, as seleções foram obrigadas a chegar com vinte dias de antecedência para a adaptação orgânica.

Quando a Copa começou, em junho de 1970, João Saldanha já não era mais técnico da seleção. O jornalista não admitiu uma suposta intromissão do presidente Médici, que pedira o centroavante Dario, o Dadá Maravilha, entre os convocados. Antes do embarque da Seleção, em um amistoso contra a Áustria, o ditador, com um copo de uísque nas mãos, bateu nos ombros do atacante e disse: "Vamos fazer gols, rapaz!".

Substituto de Saldanha, Zagallo aproximou a seleção dos militares, que governavam o país à época. Levou os seus 26 convocados para treinar na Escola do Exército, onde adquiriram um preparo físico que suportou bem os limites da altitude mexicana.

Zagallo chegou a deixar Pelé no banco e a escalar o time com Tostão vestindo a camisa 10. A tese do treinador, a de que os dois não poderiam atuar juntos, foi desfeita na última partida antes de o Brasil embarcar para o México. Além dos cinco craques, o treinador ainda improvisaria o cruzeirense Piazza, volante de origem, na quarta zaga.

A estreia na Copa, 4 x 1 contra a extinta Tchecoslováquia (o pais foi repartido em 1990 em República Tcheca e Eslováquia), ficou célebre pelo primeiro dos três gols históricos perdidos por Pelé no torneio: do meio-campo, ele tentou surpreender o goleiro Viktor, que viu a bola passar rente à trave. No segundo tempo, quando o jogo estava em 1 x 1, Pelé recebeu na área um lançamento de 35 metros de Gerson, matou no peito e bateu com classe no canto direito. Jairzinho marcou mais dois golaços: o primeiro depois de um chapéu no goleiro Viktor e o outro ao passar por três jogadores desde a intermediária.

Aquela era a primeira copa televisionada via satélite para o Brasil. Ainda que você veja as imagens coloridas hoje em dia, elas eram exibidas em preto e branco – a TV colorida somente chegaria dois anos depois ao país.

A partida seguinte seria contra a campeã mundial, a Inglaterra, sob o sol do meio-dia em pleno verão mexicano. Gordon Banks fez a defesa que é considerada a melhor de todos os tempos em uma cabeçada de Pelé. Félix compensou do lado amarelo, ao segurar outra testada, a de Lee. Tostão protagonizou o gol que seria eleito o mais bonito da Copa. Quando sua substituição já era anunciada, ele arrancou da intermediária, deu três dribles curtos pela esquerda e cruzou para Pelé matar a bola na marca do pênalti e encontrar Jairzinho, que chutaria no ângulo. Brasil 1 x 0.

Contra a Romênia, último adversário da primeira fase, o ataque compensou as cabeçadas da defesa. Pelé, divino, fez o primeiro e o terceiro também. Jairzinho anotou o segundo antes de Dumitrache descontar. Antes de o jogo acabar, Dembrovski deixaria o seu.

O Brasil avançava à segunda fase da Copa, esquecendo o vexame do torneio anterior, na Inglaterra, quando sequer passou da fase de grupos. Nas quartas de final, a equipe enfrentaria o Peru, país vizinho treinado por Didi, o Folha Seca, craque brasileiro das Copas de 1958 e 1962. Em um jogo franco e aberto, a seleção venceu por 4 x 2, com gols de Rivellino, Tostão (dois) e Jairzinho, autor do mais bonito deles: recebeu lançamento de Rivellino para passar pelo goleiro e marcar. As equipes deixaram o campo sob aplausos.

Para chegar à final, o Brasil precisaria passar pelo Uruguai e pelo fantasma da Copa de 1950, quando o vizinho estragou a festa do primeiro título brasileiro em pleno Maracanã. O primeiro gol uruguaio, de Cubilla, assustou, mas Clodoaldo, Jairzinho e Rivellino trataram de restabelecer o favoritismo brasileiro. Pelé, ao completar para fora uma meia-lua sobre o goleiro uruguaio Mazurkiewicz, cometeria o seu mais lindo não gol. O Rei ainda acertaria uma absurda cotovelada em Fontes, que o juiz não viu.

Classificado, o Brasil enfrentaria a Itália na final pela posse definitiva da taça Jules Rimet. A partida anterior, contra os alemães na semifinal, desgastou os italianos, que adotaram uma postura defensiva na partida. Jairzinho sofreu marcação implacável, mas Pelé ficou livre para, de cabeça, marcar o primeiro gol. A Itália igualou com Boninsegna, após uma falha grotesca de Clodoaldo. Mas aquela seleção brasileira era a melhor de todos os tempos, com futebol para virar (gol de Gerson), ampliar (outro de Jairzinho) e encerrar a goleada, com Carlos Alberto completando jogada fantástica na qual Clodoaldo driblou cinco italianos, tocou para Rivellino, que encontrou Jairzinho e passou para Pelé, sem mexer os olhos, achar o capitão.

Quando a partida acabou, o italiano partiu para cima de Pelé para levar sua camisa. Estapeou dezenas de mexicanos que cercavam o Rei e ficou com a peça, leiloada em 2002 por 200 mil dólares.

Tostão ficou sem as roupas e Rivellino desmaiou em campo, enquanto Pelé era carregado pela torcida. Médici, ditador no período mais difícil do regime militar, recebeu a delegação. O Brasil era tri, e a Taça do Mundo era nossa.

O Brasil de 1970

GOLEIROS: Félix (Fluminense), Ado (Corinthians)
   e Leão (Palmeiras)
LATERAIS DIREITOS: Carlos Alberto (Santos)
   e Zé Maria (Portuguesa)
LATERAIS-ESQUERDOS: Everaldo (Grêmio)
   e Marco Antônio (Fluminense)
ZAGUEIROS: Brito (Flamengo), Baldochi (Palmeiras),
   Fontana (Cruzeiro) e Joel Camargo (Santos)
VOLANTES: Clodoaldo (Santos) e Piazza (Cruzeiro)
MEIAS: Gérson (São Paulo), Pelé (Santos), Rivelino (Corinthians)
   e Tostão (Cruzeiro)
ATACANTES: Jairzinho (Botafogo), Dario (Atlético Mineiro),
   Roberto Miranda (Botafogo), Paulo César (Botafogo)
   e Edu (Santos)
TÉCNICO: Zagallo

O Brasil na Copa do México

OITAVAS DE FINAL

Grupo 3

3 DE JUNHO
BRASIL 4 X 1 TCHECOSLOVÁQUIA
Gols: Rivelino 24 do 1º, Pelé 14, Jairzinho 19 e 37 do 2º (BRA);
Petras 10 do 1º (TCH)

7 DE JUNHO
BRASIL 1 X 0 INGLATERRA
Gol: Jairzinho 14 do 2º

10 DE JUNHO
BRASIL 3 X 2 ROMÊNIA
Gols: Pelé 19, Jairzinho 22 do 1º, Pelé 22 do 2º (BRA);
Dumitrache 34 do 1º, Dembrowski 39 do 2º (ROM)

QUARTAS DE FINAL

14 DE JUNHO
BRASIL 4 X 2 PERU
Gols: Rivelino 11 e Tostão 15 do 1º, Tostão 7, Jairzinho 30 do 2º
(BRA); Gallardo 28 do 1º,
Cubillas 25 do 2º (PER)

SEMIFINAIS

17 DE JUNHO

BRASIL 3 X 1 URUGUAI

Gols: Clodoaldo 44 do 1º, Jairzinho 30, Rivelino 44 do 2º
(BRA); Cubilla 19 do 1º (URU)

FINAL

21 DE JUNHO

BRASIL 4 X 1 ITÁLIA

Gols: Pelé 19 do 1º, Gérson 20, Jairzinho 27, Carlos Alberto 42
do 2º (BRA); Boninsegna 37 do 1º (ITA)

COLOCAÇÃO FINAL

1º Brasil

2º Itália

3º Alemanha Ocidental

4º Uruguai

1974
A falta que faz um rei

O tricampeonato no México não significou apenas aposentar a taça Jules Rimet, agora de posse definitiva do Brasil. O futebol havia mudado. A partir de 1970, ele ficou mais ágil e dinâmico. E a Seleção não tinha mais Pelé.

Considerado o "Rei do Futebol", o atacante santista anunciou logo que vestiria a camisa amarela apenas até 1971. Entre a final contra a Itália e a despedida, fez mais quatro jogos e marcou dois gols. O adeus foi programado para duas partidas. Na primeira delas, no Morumbi, o Brasil empatou em 1 x 1 com a Áustria. Pelé deixou o seu, aos 32 minutos do primeiro tempo. Depois, no Maracanã, o Rei foi substituído no intervalo aos gritos de "Fica, fica!". Mas os 138.573 torcedores não convenceram Pelé a mudar o que havia decidido.

O problema maior ficou para Zagallo. Se em 1970 o técnico tinha cinco autênticos camisas 10 no time, para a Copa de 1974, na Alemanha, restava dois deles. Tostão, com uma lesão no olho esquerdo, anunciara o fim da carreira no início daquele ano, aos

27 anos. Gerson, o Canhotinha de Ouro, cumpria sua última temporada como profissional, pelo Fluminense.

Os únicos herois de 1970 aptos eram Jairzinho e Rivellino. O primeiro trocara o Botafogo pela França, onde jogava no Olympique de Marselha, mas longe da fama de "Furacão", adquirida no México. O segundo continuava em alta, mas era questionado em seu clube, o Corinthians, por não ser decisivo – o time não conquistava um título havia vinte anos.

A Seleção colecionava críticas. Os jogadores chegaram a anunciar em 1973 um boicote à imprensa por supostas notícias falsas. Uma delas seria a de que Edu, meia-atacante do Santos, por pouco não abandonara o grupo em uma excursão para a Europa. Em fevereiro de 1974, Zagallo anunciou os quarenta pré-convocados. Em 31 de março, a Seleção jogou para "comemorar" os dez anos de Golpe Militar e empatou com o México (1 x 1).

Pelé fazia falta. João Havelange, da CBD, apelou até mesmo a um ofício para contar com o craque, que negou de pronto. Outros dois tricampeões foram cortados às vésperas da Copa, Carlos Alberto e Félix. Do time que estreou contra a Iugoslávia, apenas três foram titulares em 1970: além de Rivellino e Jairzinho, o capitão Piazza.

Não bastassem os problemas, a Seleção ainda escolheu mal o local da concentração: Feldberg, na Alemanha, uma cidade a 1.400 metros de altitude onde ventava e chovia muito. Os treinos eram alterados constantemente e o frio intenso estimulava contusões. Clodoaldo sentiu a coxa em um dos testes e foi mais um dos tricampeões cortados.

Na estreia, ninguém acreditava que o Brasil era o mesmo que encantara em 1970. Entrou em campo recuado, disposto apenas a não tomar gol da Iugoslávia houve apenas uma chance clara de gol quando Jairzinho, cara a cara com as redes, chutou para fora.

A Seleção terminou o jogo sob vaias, que pioraram na partida seguinte, contra a Escócia. Novo 0 x 0, e a tensão no grupo aumentava. Paulo César era criticado por supostamente estar com a cabeça na França (havia assinado contrato com o Olympique de Marselha). Leivinha reclamou da substituição e Rivellino acertou um soco no escocês Bremmer.

O Zaire era o último adversário do Brasil na primeira fase e todos temiam um vexame semelhante ao de 1966. Apenas uma vitória por 3 x 0 colocaria a Seleção na próxima etapa. Brigados com a federação local, os africanos já haviam perdido por 9 x 0 para a Iugoslávia. Mas os gols secaram no lado brasileiro. Jairzinho abriu aos 12 minutos da primeira etapa, mas o segundo e o terceiro gols só vieram na segunda, com Rivellino e Valdomiro.

Classificados, encararíamos na segunda fase um grupo encardido, com a Alemanha Oriental (o país havia sido dividido em quatro partes depois da Segunda Guerra Mundial, com três delas formando a Alemanha Ocidental e a outra, socialista, a Oriental) e as temidas Argentina e Holanda. O regulamento não previa mata-matas: o campeão do grupo enfrentaria o vencedor do outro na final da Copa.

Rivellino, em jogada ensaiada, marcou o único gol contra os alemães orientais. Contra a Argentina, no jogo seguinte, Rivellino voltou a marcar e contou com um gol de Jairzinho, depois de Brindisi empatar, para ficarmos a uma vitória da final.

Mas o adversário no último jogo era a Holanda, dona do futebol mais vistoso daquela Copa. Zagallo não conseguia entender como eles jogavam, puxando, constrangido, um papel amassado e todo riscado que mostrava aos jornalistas. "Eu pretendia marcar aqui, de modo compreensível, as deslocações de todos os holandeses. Mas elas eram tantas que, aos 10 minutos do primeiro tempo, eu já não entendia mais nada...".

O jogo foi tenso. O Brasil não teve dó dos holandeses. Marinho Peres, Zé Maria e Luís Pereira, expulso por entrada violenta em Neeskens, distribuíram pancadas a granel. Com a bola nos pés, a Seleção jamais ameaçou a Holanda. No início da etapa final, Cruijff, o melhor jogador daquele Mundial, serviu para o gol de Neeskens. O gênio holandês ainda marcaria o segundo gol, aos 19 minutos do segundo tempo. Na final, o futebol-total da Laranja Mecânica, como o time ficou conhecido, parou diante da Alemanha.

Restou ao Brasil a disputa do terceiro lugar. Mas a forte Polônia venceu com um gol de Lato e a Seleção voltaria apenas com o quarto lugar. No vestiário, depois do jogo, Leão acertaria um soco em Marinho Chagas. "Tiramos o quarto lugar? Ótimo, está compatível com o futebol brasileiro do momento", resmungava Rivellino. Aquela era mesmo uma Copa para ser esquecida.

O Brasil de 1974

GOLEIROS: Leão (Palmeiras), Renato (Flamengo)
e Waldir Peres (São Paulo)
LATERAIS DIREITOS: Zé Maria (Corinthians)
e Nelinho (Cruzeiro)
LATERAIS ESQUERDOS: Marinho Chagas (Botafogo)
e Marco Antônio (Fluminense)
ZAGUEIROS: Luís Pereira (Palmeiras), Marinho Peres (Santos)
e Alfredo Mostarda (Palmeiras)
VOLANTES: Piazza (Cruzeiro) e Paulo César
Carpegiani (Internacional)
MEIAS: Leivinha (Palmeiras), Rivelino (Corinthians),
Ademir da Guia (Palmeiras) e Dirceu (Botafogo)
ATACANTES: Jairzinho (Botafogo), Valdomiro (Internacional),
César (Palmeiras), Mirandinha (São Paulo),
Paulo César (Flamengo) e Edu (Santos)
TÉCNICO: Zagallo

O Brasil na Copa da Alemanha

PRIMEIRA FASE

Grupo 2

13 DE JUNHO

BRASIL 0 X 0 IUGOSLÁVIA

18 DE JUNHO

BRASIL 0 X 0 ESCÓCIA

22 DE JUNHO

BRASIL 3 X 0 ZAIRE

Gols: Jairzinho 13 do 1º, Rivelino 22 e Valdomiro 34 do 2º

QUARTAS DE FINAL

Grupo A

26 DE JUNHO

BRASIL 1 X 0 ALEMANHA OR.

Gol: Rivelino 16 do 2º

30 DE JUNHO

BRASIL 2 X 1 ARGENTINA

Gols: Rivelino 32 do 1º e Jairzinho 3 do 2º (BRA); Brindisi 34 do 1º (ARG)

3 DE JULHO

BRASIL 0 X 2 HOLANDA

Gols: Neeskens 5 e Cruyff 20 do 2º

DISPUTA DO TERCEIRO LUGAR

6 DE JULHO

BRASIL 0 X 1 POLÔNIA

Gol: Lato 30 do 2º

COLOCAÇÃO FINAL

1º Alemanha Ocidental

2º Holanda

3º Polônia

4º Brasil

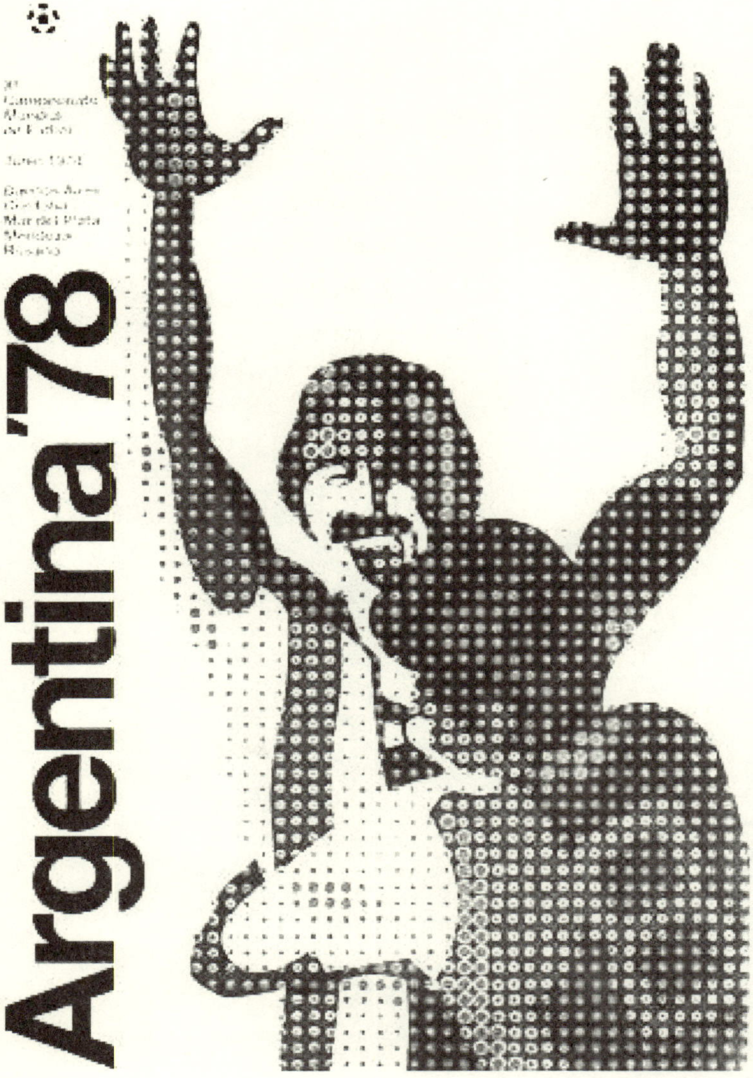
Argentina '78

1978
Campeões morais

Zagallo não era mais o técnico da Seleção Brasileira. Os craques também não estavam mais lá. Os grandes times dos anos 1960, o Botafogo e o Santos, viviam um período de ostracismo. E o futebol brasileiro precisava de uma revolução.

Uma delas foi a criação do Campeonato Brasileiro em 1971. Pela primeira vez, havia uma competição nacional, o que facilitou o surgimento de esquadrões como o Atlético-MG de 1977, o Inter-RS de 1975-76, o Cruzeiro-MG de 1974-1976 e até mesmo o Santa Cruz-PE de 1975. No Rio, o Flamengo despontava com um candidato a craque: Zico.

Para organizar essa oferta, a CBD chamou o paulista Oswaldo Brandão, bicampeão brasileiro com o Palmeiras em 1972 / 1973. Diferentemente de 1974, o Brasil teria que enfrentar as Eliminatórias para a Copa de 1978, na Argentina. Os adversários da primeira fase foram Colômbia e Paraguai. A Seleção empatou a primeira contra os colombianos em 0 x 0, fora, e trocou de técnico para o jogo seguinte, no Rio. Brandão pediu demissão e foi substituído pelo flamenguista Claudio Coutinho. Em

sua primeira partida, o time goleou os colombianos por 6 x
o. O Brasil ainda venceria o Paraguai, em Assunção (1 x 0),
e empataria no Rio (1 x 1). Um triangular em Cali definiria
os classificados para a Copa. O Brasil venceu Peru (1 x 0) e
Bolívia (8 x 0) e carimbou o passaporte.

Em fevereiro de 1978, Coutinho anunciou os nomes de 48
pré-convocados. A CBD barrou jogadores considerados indis-
ciplinados, como Paulo Cesar Caju e Marinho Chagas. O grupo ficou concentrado pela primeira vez na Granja Comary, em
Teresópolis (RJ), adquirida naquele ano pela entidade. Na convocação final, Coutinho preferiu o truculento Chicão, do São
Paulo, ao clássico Falcão, craque do Inter-RS. A intenção era
clara: formar um time mais viril, que não tivesse medo de tomar pancada.

A Seleção desembarcou na Argentina em 26 de maio. Como
o Brasil, a Argentina vivia sob regime militar à época e implan-
tou um forte esquema de vigilância na concentração brasileira,
em Mar del Plata. Havia ameaças de ataques terroristas: uma
bomba chegou a explodir e matar um policial no centro de imprensa da Copa, em Buenos Aires.

O Brasil estrearia na mesma cidade contra a Suécia, em 3
de junho. Foi um jogo equilibrado. Os suecos fizeram o primeiro gol, com Sjoberg, mas Reinaldo empatou ainda no primeiro tempo. Nos acréscimos do segundo tempo, Nelinho cobrou
escanteio e Zico cabeceou para o gol. Mas o juiz, o galês Clive
Thomas, havia apitado o fim do jogo quando a bola estava no
ar. Final, 1 x 1.

Na segunda partida, o Brasil agradeceu ao zagueiro Amaral, então no Corinthians, por não ser derrotado pela Espanha. O defensor salvou o chute de Cardeñosa em cima da risca, aos 29 minutos do segundo tempo. No mesmo jogo, Jorge Mendonça passou 31 minutos se aquecendo para entrar em campo quando faltavam apenas sete minutos para o final.

Contra a Áustria, a mando do presidente da CBD, o almirante Heleno Nunes, o Brasil mudou. Saíram Zico e Reinaldo para as entradas de Roberto Dinamite e Jorge Mendonça. O vascaíno foi o autor do único gol do jogo, que classificou o Brasil. Ao final do jogo, o almirante tentava conter os boatos, mas constrangia o técnico Coutinho: "Todos estão dizendo que eu faço pressões. Não é verdade. Mas que é meu time, isso é!". No país, torcedores eram presos por gritar, nas ruas, "viva a Seleção, abaixo a repressão".

O desempenho ruim na primeira fase (segundo no grupo) colocou o Brasil numa chave complicada na etapa seguinte. O Peru, o mais fraco dos adversários, seria o primeiro. A Seleção venceu fácil, 3 x 0, dois gols de Dirceu e um de Zico, que entrou só no segundo tempo. No jogo seguinte, a rival era a Argentina, dona da casa e de uma bela seleção. O duelo ficou mais conhecido pelo jogo duro dos dois times que pelas boas jogadas. O 0 x 0 ficou de bom tamanho, mas era preciso torcer para passarmos à final pelo saldo de gols.

Em uma jogada de bastidores, a Argentina conseguir fazer com que o Brasil enfrentasse o último adversário, a Polônia, antes do jogo final dos platinos, contra o Peru. Quando entrasse em campo, ela saberia por quanto deveria ganhar para se classificar.

O Brasil fez sua parte e venceu a Polônia por 3 x 1, gols de Nelinho e Roberto Dinamite (dois). A Argentina precisaria vencer o Peru por uma diferença de quatro gols. Venceu por 6 x 0, aos gritos de 42 mil torcedores que gritavam "Chora Brasil, Argentina canta". Até hoje a partida é discutida. Uma dos motivos de desconfiança era o goleiro peruano Quiroga, nascido na Argentina, que teria facilitado alguns gols.

Havia ainda um jogo, contra a Itália, na disputa pelo terceiro lugar. Vitória brasileira por 2 x 1, com um surpreendente gol de fora da área de Nelinho – uma curva impressionante que rendeu o goleiro italiano Zoff. Voltaríamos invictos e "campeões morais".

O Brasil de 1978

GOLEIROS: Leão (Palmeiras), Carlos (Ponte Preta)
e Waldir Peres (São Paulo)
LATERAIS-DIREITOS: Toninho (Flamengo) e Nelinho (Cruzeiro)
LATERAIS-ESQUERDOS: Rodrigues Neto (Botafogo)
e Edinho (Fluminense)
ZAGUEIROS: Oscar (Ponte Preta), Amaral (Guarani), Abel (Vasco)
e Polozzi (Ponte Preta)
VOLANTES: Toninho Cerezo (Atlético Mineiro), Chicão (São Paulo)
e Batista (Grêmio)
MEIAS: Jorge Mendonça (Palmeiras), Rivelino (Fluminense),
Zico (Flamengo) e Dirceu (Vasco)
ATACANTES: Gil (Botafogo), Reinaldo (Atlético Mineiro),
Roberto Dinamite (Vasco) e Zé Sérgio (São Paulo)
TÉCNICO: Cláudio Coutinho

O Brasil na Copa da Argentina

PRIMEIRA FASE

Grupo 3

3 DE JUNHO

BRASIL 1 X 1 SUÉCIA

Gols: Reinaldo 45 do 1º (BRA); Sjoberg 37 do 1º (SUE)

7 DE JUNHO

BRASIL 0 X 0 ESPANHA

11 DE JUNHO

BRASIL 1 X 0 ÁUSTRIA

Gol: Roberto 45 do 1º

QUARTAS DE FINAL

Grupo B

14 DE JUNHO

BRASIL 3 X 0 PERU

Gols: Dirceu 14 e 37 do 1º, Zico (pênalti) 27 do 2º

18 DE JUNHO

ARGENTINA 0 X 0 BRASIL

21 DE JUNHO
BRASIL 3 X 1 POLÔNIA
Gols: Nelinho 11 do 1º, Roberto 12 e 17 do 2º (BRA);
Lato 44 do 1º (POL)

DISPUTA DO TERCEIRO LUGAR
24 DE JUNHO
BRASIL 2 X 1 ITÁLIA
Gols: Nelinho 19, Dirceu 25 do 2º (BRA);
Causio 38 do 1º (ITA)

COLOCAÇÃO FINAL
1º Argentina
2º Holanda
3º Brasil
4º Itália

1982
A Seleção e o sonho

Havia um problema e uma solução para a Copa de 1982, na Espanha.

A maior parte dos que encantaram o México doze anos antes estava aposentada – ainda restavam quatro jogadores daquele time em atividade, os reservas Paulo Cesar Caju, Leão, Dadá Maravilha e Zé Maria, que deixaria o futebol no fim daquele ano. Mas, deles, só o goleiro Leão continuava jogando em alto nível e em condições de representar a Seleção.

Ao mesmo tempo em que se esse pessoal se despedia, surgia outra geração de ouro, gestada na década de 1970. Craques de estilo mais dinâmico e europeu que os do passado, combinados com o trabalho de dois dos principais técnicos do país.

Um deles era Claudio Coutinho. Depois de treinar a Seleção na Copa da Argentina, manteve-se no cargo mais um ano antes de montar, no Flamengo, o maior time da história do clube. Se lá já estavam "crias" da base, como Zico, Andrade, Adílio e Junior, o treinador agregou veteranos de outras agremiações (o ex-colorado Carpegiani e o goleiro Raul, com passagem pelo

Cruzeiro) para conquistar, em 1980, o primeiro brasileiro do rubro-negro. Coutinho, morto em um acidente no mar em 1981, não veria o mesmo time levantar a Libertadores e o Mundial um ano depois.

Outro responsável era Telê Santana. Em 1979, com o mediano time do Palmeiras, encantou com um futebol refinado que o levaria, ao final daquele ano, a dirigir a Seleção, substituindo Coutinho.

Nesse intervalo, o Brasil viu surgir craques que depois encantariam a Espanha. O maior deles era Sócrates, um paraense surgido no Botafogo de Ribeirão Preto (SP), mas que só despontaria para o futebol aos 24 anos, quando vestiu a camisa do Corinthians. A ele somavam-se Falcão, ignorado por Coutinho para a Copa de 1978, e Zico, reserva de luxo no mesmo Mundial. Outras promessas eram o ponta Éder, recém-chegado ao Atlético-MG depois de passagens por América-MG e Grêmio, e o também atleticano Toninho Cerezo. Com as feras do Flamengo, tínhamos um time e tanto.

Restava também superar a influência dos militares. A Presidência da República estava, desde 1979, sob as ordens do general João Batista de Figueiredo. Naquele mesmo ano, ele obrigou os jogadores a ensaiarem o hino nacional antes de um jogo pela Copa América. Depois de um intervalo de duas Copas sem títulos, a pressão nacionalista sobre a Seleção voltava a existir. Para atenuá-la, em 1980 a CBD (Confederação Brasileria de Desportos) deu lugar à CBF. Ao menos formalmente o futebol deixaria de sofrer intervenções do governo da hora.

Outro incômodo eram as derrotas. A Seleção vinha de duas, na Copa da Argentina, para os donos da casa, e na Copa América, para o surpreendente Paraguai de Romerito. Telê teve que enfrentar as vaias e, sob a ideia de uma seleção permanente, começou a colher os frutos em 1981.

Foi no Mundialito do Uruguai que o time começou a encantar. A goleada por 4 x 1 sobre a Alemanha acendeu a esperança de um futebol bonito e competitivo, parcialmente apagada na derrota (mais uma) para os donos da casa na final.

As Eliminatórias serviram para compensar mais essa frustração. Vitórias contra Venezuela (1 x 0 e 5 x 0) e Bolívia (2 x 1 e 3 x 1) colocaram o Brasil mais uma vez na Copa. O favoritismo para 1982, no entanto, só foi consolidado numa excursão para a Europa, no meio de 1981: vencemos a Inglaterra (1 x 0), França (3 x 1) e Alemanha Ocidental (2 x 1).

Telê começou a convocação aos poucos, à medida que os clubes eram eliminados do Brasileiro daquele ano. Batista, do vice-campeão Grêmio, foi o último. No grupo, não havia pontas – o que se tornaria uma tendência dali por diante –, e o humorista Jô Soares celebrizou a frase "Bota ponta, Telê", com seu personagem Pacheco. Careca e Reinaldo, sem condições, não foram chamados.

O Brasil fez escala em Portugal antes de chegar a Sevilla, sede dos jogos na Copa. A estreia seria contra o adversário mais forte da chave, a União Soviética. E Waldir Peres, então goleiro do São Paulo, tomou um frango horroroso no primeiro gol adversário, marcado por Bal, aos 33 minutos do primeiro tempo. Por sorte, aquela era uma Seleção talentosa. Sócrates empataria com um golaço de fora da área, aos 29 minutos do segundo tempo, e Eder, com outro, não menos bonito, viraria aos 43 minutos — antes de completar, gritou para Serginho Chulapa: "Sai da frente que vou começar a chutar".

Os demais rivais da primeira fase não assustavam. Primeiro veio a Escócia. Vitória por 4 x 1, com gols de Zico, Oscar, Falcão e Eder – de novo, um golaço. Depois, veio a Nova Zelândia. Goleada, 4 x 0, dois gols de Zico, um de Falcão e outro de Serginho Chulapa. "Não fiz uma única defesa nos últimos seis jogos", concluía Waldir Peres. "Mas como vou fazer, se em 80% do tempo a bola está nos pés dos nossos jogadores?".

A Seleção havia sobrado, mas não esperava que outras duas gigantes, a Itália e a Argentina, fossem as segundas colocadas em suas chaves, o que as colocou no mesmo grupo que o Brasil na segunda fase, disputada em sistema de triangular. No primeiro confronto, contra a Argentina, o Brasil sabia que precisava vencer por dois gols de diferença para depender de um empate contra a Itália, na decisão da vaga para a semifinal. E venceu. Maradona, que havia sido caçado pelo italiano Gentile no jogo anterior, pouco apareceu – a jogada mais lembrada é a entrada violenta em Batista, que culminou com sua expulsão da partida. Aos 11 minutos de jogo, o Brasil já vencia por 1 x 0, gol de Zico ao aproveitar rebote de falta cobrada por Eder. Serginho fez 2 x 0, e Junior, o terceiro. A Argentina descontaria com Ramon Diaz, a um minuto do final.

Uma derrota no último jogo da Seleção no Mundial, no entanto, mudaria a história do futebol. Sob uma nuvem de otimismo e confiança exagerados, a Seleção enfrentaria a Itália no pequeno estádio Sarriá, em Barcelona, precisando apenas de um empate para enfrentar a Polônia na semifinal. Os adversários haviam vencido apenas uma partida na Copa e contavam com um time desacreditado – seu principal jogador, o atacante Paolo Rossi, só voltou ao time depois de ter uma suspensão por envolvimento em um escândalo da loteria italiana perdoada, mas ainda não tinha marcado gols naquele torneio. Mas, contra o Brasil, marcou três. O primeiro veio logo aos 4 minutos de jogo. Zico, o melhor em campo do lado brasileiro, lançou Sócrates livre para empatar sete minutos depois. Rossi colocaria de novo os italianos na frente os 24 minutos, depois de roubar um passe mal dado de Cerezo no meio de campo e ganhar da zaga na corrida. O golaço de Falcão, aos 22 minutos do segundo tempo, daria uma nova esperança, finalmente destruída por outro gol do italiano cinco minutos depois.

"Fizemos o que devia ser feito", avaliava Telê. "Não soubemos aproveitar a vantagem do empate em nenhum momento, talvez porque sejamos acima de tudo um time ofensivo", resumia Zico.

Aquela derrota doeu tanto quanto a de 1950. Nos dias seguintes, choveriam culpados. O bicho (premiação paga aos jogadores em caso de vitória) discutido na véspera, as comemorações propositais de Eder em frente a uma das placas de publicidade dos estádios, a "panela" de alguns jogadores, a "máscara" de outros, a falta de gás do lateral Leandro... Tudo serviria para o Brasil deixar de pensar em um futebol encantador e aprender outro, de resultados, campeão em 1994.

A Itália, com a mesma determinação daquele 5 de julho, passaria por Polônia e derrotaria a Alemanha na final, igualando o tricampeonato do Brasil.

O Brasil de 1982

GOLEIROS: Waldir Peres (São Paulo), Paulo Sérgio (Botafogo)
e Carlos (Ponte Preta)
LATERAIS DIREITOS: Leandro (Flamengo)
e Edevaldo (Internacional)
LATERAIS ESQUERDOS: Júnior (Flamengo) e Pedrinho (Vasco)
ZAGUEIROS: Oscar (São Paulo), Luizinho (Atlético Mineiro),
Juninho (Ponte Preta) e
EDINHO (Udinese-ITA)
Volantes: Falcão (Roma-ITA), Toninho Cerezo (Atlético Mineiro)
e Batista (Grêmio)
MEIAS: Sócrates (Corinthians), Zico (Flamengo)
e Renato (São Paulo)
ATACANTES: Paulo Isidoro (Grêmio), Dirceu (sem clube),
Serginho (São Paulo), Roberto Dinamite (Vasco)
e Éder (Atlético Mineiro)
TÉCNICO: Telê Santana

O Brasil na Copa da Espanha

PRIMEIRA FASE

Grupo 6
14 DE JUNHO
BRASIL 2 X 1 UNIÃO SOVIÉTICA
Gols: Sócrates 29 e Éder 43 do 2º (BRA);
Bal 33 do 1º (URS)

1982 – A SELEÇÃO E O SONHO

18 DE JUNHO
BRASIL 4 X 1 ESCÓCIA
Gols: Zico 33 do 1º, Oscar 3, Éder 19 e Falcão 42 do 2º (BRA);
Narey 18 do 1º (ESC)

23 DE JUNHO
BRASIL 4 X 0 NOVA ZELÂNDIA
Gols: Zico 28 e 31 do 1º, Falcão 9 e Serginho 24 do 2º

QUARTAS DE FINAL

Grupo C

2 DE JULHO
BRASIL 3 X 1 ARGENTINA
Gols: Zico 11 do 1º, Serginho 21, Júnior 29 do 2º (BRA), Ramón
Díaz 43 do 2º (ARG)

5 DE JULHO
BRASIL 2 X 3 ITÁLIA
Gols: Sócrates 12 do 1º e Falcão 22 do 2º (BRA);
Paolo Rossi 5 e 25 do 1º e 29 do 2º (ITA)

COLOCAÇÃO FINAL
1º Itália
2º Alemanha Ocidental
3º Polônia
4º França
5º Brasil

1986
Pênalti capital

Telê Santana voltaria a ser o treinador da Seleção na Copa seguinte, no México. Mas, nesse intervalo de quatro anos, muitos deixaram o assento quente para quando o técnico retornasse para o Mundial do México, que voltaria a sediar a competição depois de a Colômbia desistir, em 1983, por problemas financeiros.

Aquele que organizou uma das melhores seleções brasileiras da história deixou o cargo em outubro de 1982 e seguiu para a Arábia Saudita. Quem assumiu foi o futuro campeão Carlos Alberto Parreira, adepto de um futebol de menos técnica e mais resultado.

Seu desempenho na Seleção jamais deixou de ser questionado. A gota d'água foi a derrota na final da Copa América de 1983 para o Uruguai e o pedido de aumento (queria o triplo do que ganhava). Foi substituído por Edu Coimbra, irmão de Zico, que não sobreviveu a três partidas. A solução parecia Evaristo de Macedo, técnico do América-RJ. O treinador resistiu pouco, sobretudo depois que proibiu seus jogadores de falar com a imprensa e de barrar craques como Sócrates.

Quando Telê Santana reassumiu, em 1985, era evidente que a geração que encantou a Espanha havia envelhecido.

Quase todos foram negociados com a Itália depois da Copa: Zico (Udinese), Falcão e Cerezo (Roma), Sócrates (Fiorentina) e Junior (Torino).

Pelas Eliminatórias, o Brasil passou fácil por Bolívia (2 x 0 e 1 x 1) e Paraguai (2 x 0 e 1 x 1). Até a Copa, sobrariam polêmicas e lesões. A mais dramática foi a de Zico. O craque, já de volta ao Flamengo, sofreu uma entrada violentíssima de Márcio Nunes, do Bangu, no joelho esquerdo. Somavam-se as fases ruins de Sócrates e Falcão – negociado com o São Paulo, terminaria 1985 como reserva. Aliás, daquele time campeão paulista o treinador chamaria os jovens Muller e Silas, além do centroavante Careca.

Telê submeteu os jogadores a um extenso treinamento, que começou ainda em fevereiro. No dia 24, sofreu a primeira baixa. Renato Gaúcho foi cortado depois de voltar de uma noitada com os jogadores Elzo, Eder e Leandro. Elzo e Eder pularam o muro e voltaram para seus quartos. Leandro, que cambaleava, foi ajudado por Renato e não conseguiu. Os dois tentaram a entrada principal da concentração e foram repreendidos. Telê havia decidido dispensar os dois, mas voltou atrás. O gaúcho terminaria cortado pelo técnico antes da Copa. Leandro, por solidariedade ao colega e também por discordar da opção de escalá-lo como lateral – atuava como zagueiro no Flamengo – não compareceu ao embarque da delegação para o México. Zico chegou a ir até o apartamento do lateral implorar para que viajasse. Diante da recusa, Telê convocou o gremista Valdo. A Seleção perderia mais jogadores por indisciplina: Sidnei, que desrespeitou uma ordem médica, e Éder, que acertou um soco no peruano Castro em um amistoso da Seleção em abril.

O Brasil embarcou para um estágio de adaptação em Toluca (2.700 metros de altitude) em maio. O time voltaria a ficar hospedado em Guadalajara, como em 1970. Restava no grupo um último jogador daquela seleção, o goleiro Leão. O time de 1982 também já estava desmontado. Apenas Sócrates e Junior estreariam contra a Espanha. Oscar, Falcão e Cerezo, que chegaram a ser convocados, foram cortados na véspera. No grupo, havia gente que muitos não conheciam, como o lateral-direito botafoguense Josimar.

Contra os espanhóis, o Brasil sofreu para vencer por 1 x 0, gol de Sócrates, e contou com o juiz australiano Christopher Bambridge, que não viu gol de Michel, que atravessou a linha do gol. Antes da partida, o Hino Brasileiro foi trocado pelo da Independência. O técnico espanhol, Miguel Muñoz, enxergava ali uma seleção diferente da de 1982, inferior mas mais aplicada taticamente. Ele tinha razão.

Nas duas partidas seguintes, contra Argélia e Irlanda do Norte, surgiria o maior craque brasileiro do Mundial, o centroavante Careca. Ele marcou o único gol contra os argelinos e mais dois diante do norte-irlandeses. "Ele é o centroavante com melhor toque de bola do país", opinava Telê. Quem não conhecia Josimar passou a admirá-lo ao marcar um belo gol de fora da área. Ele havia sido escalado depois de Edson Abobrão, o titular, ter sofrido uma distensão e ser visto tomando cerveja com Casagrande e Alemão. Classificado, o Brasil enfrentaria a Polônia e passaria sem sofrimentos (4 x 0). Careca deixaria mais um e Josimar faria outro golaço, chutando praticamente sem ângulo.

Nesses dois jogos, Zico, poupado na estreia contra a Espanha, voltara a jogar. Deu passes de calcanhar contra a Irlanda do Norte e, diante da Polônia, sofreu o pênalti convertido por Careca no quarto gol brasileiro. Havia pressão para que o Galinho jogasse contra a França, nas quartas de final, mas Telê Santana decidiu deixá-lo mais uma vez no banco, à espera de uma oportunidade.

Na véspera do jogo, o cartola Nabi Abi Chedid, vice-presidente da CBF, chegou a sugerir que a torcida brasileira agredisse uma equipe de TV francesa que filmava o treino da Seleção. Por sorte, o time não caiu no jogo do dirigente para, contra a França, realizar uma das melhores partidas daquela Copa. O gol brasileiro foi lindo: tabela entre Junior e Muller e conclusão perfeita de Careca, com cinco gols no campeonato. Careca ainda serviria Muller, que acertaria a trave no primeiro tempo. A França empataria com Platini, após concluir outra bela jogada. Zico entrou no lugar de Muller, aos 27 minutos do segundo tempo. Em sua primeira jogada, lançou Branco, derrubado na área pelo goleiro Bats. Quem bateria o pênalti? Sócrates, o cobrador oficial? Careca, que brigava pela artilharia? Sobrou para Zico. Ele bateu no canto esquerdo, o mesmo em que Bats saltou e defendeu.

Iríamos para prorrogação e lá ficaria evidente que não estávamos em nossa melhor forma física. Sócrates, visivelmente o mais cansado de todos, desperdiçaria a melhor chance ao desabar na área ao invés de completar o cruzamento de Careca. Vieram os penais. Zico converteu o seu, como Alemão e Branco.

Sócrates e Júlio César desperdiçariam e, como na França só o gênio Platini perdeu, estávamos eliminados.

Nossos carrascos cairiam na partida seguinte, contra a Alemanha Ocidental. Aquela ficaria conhecida como a Copa de Maradona, que arrebentou nas sete partidas que a Argentina fez no México. Marcou dois dos gols mais bonitos da história (contra a Inglaterra deixou seis jogadores para trás, e contra a Bélgica, cinco) e o mais polêmico deles – o de mão, contra a mesma Inglaterra. Os argentinos levariam o bicampeonato, merecido, com uma vitória por 3 x 2 contra os alemães.

O Brasil de 1986

GOLEIROS: Carlos (Corinthians), Paulo Vítor (Fluminense)
e Leão (Palmeiras)
LATERAIS DIREITOS: Édson (Corinthians) e Josimar (Botafogo)
LATERAIS ESQUERDOS: Branco (Fluminense)
e Júnior (Torino-ITA)
ZAGUEIROS: Júlio César (Guarani), Edinho (Udinese-ITA),
Oscar (São Paulo) e Mauro Galvão (Internacional)
VOLANTES: Alemão (Botafogo), Elzo (Atlético Mineiro)
e Falcão (São Paulo)
MEIAS: Sócrates (Flamengo), Zico (Flamengo), Silas (São Paulo)
e Valdo (Grêmio)
ATACANTES: Müller (São Paulo), Casagrande (Corinthians),
Careca (São Paulo) e Edivaldo (Atlético Mineiro)
TÉCNICO: Telê Santana

O Brasil na Copa do México

PRIMEIRA FASE

Grupo D

1º DE JUNHO

BRASIL 1 X 0 ESPANHA

Gol: Sócrates 16 do 2º

6 DE JUNHO

BRASIL 1 X 0 ARGÉLIA

Gol: Careca 22 do 2º

12 DE JUNHO

BRASIL 3 X 0 IRL. DO NORTE

Gols: Careca 15, Josimar 41 do 1º e Careca 42 do 2º

OITAVAS DE FINAL

16 DE JUNHO

BRASIL 4 X 0 POLÔNIA

Gols: Sócrates (pênalti) 30 do 1º, Josimar 9, Edinho 32 e Careca 36 do 2º

QUARTAS DE FINAL

21 DE JUNHO

BRASIL 1 X 1 FRANÇA

Gols: Careca 16 (BRA); Platini 41 do 1º (FRA);
Prorrogação: 0 x 0;

Pênaltis: Brasil 3 (Alemão, Zico e Branco) x 4 França (Stopyra, Amoros, Bellone e Fernandez)

COLOCAÇÃO FINAL
1º Argentina
2º Alemanha Ocidental
3º França
4º Bélgica
5º Brasil

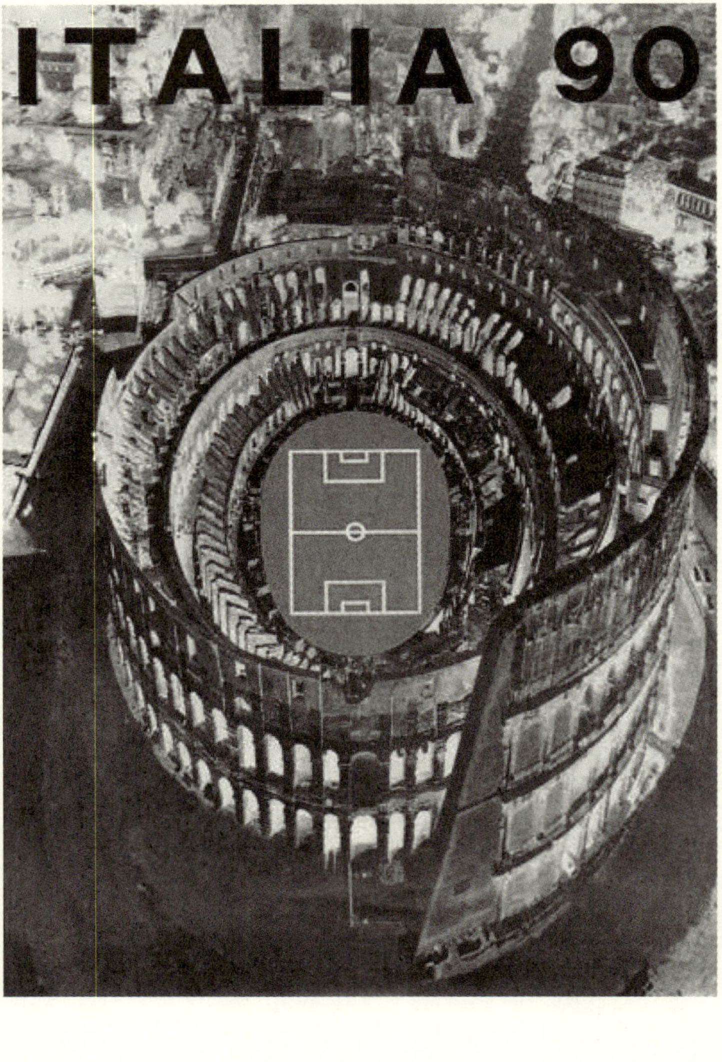
ITALIA 90

1990
Tudo errado

Depois de mais um fracasso em Copas, a Seleção Brasileira ficaria por quase um ano sem jogar. Nem mesmo treinador havia. Carlos Alberto Silva só estrearia no comando em maio de 1987, contra a Inglaterra. Em campo, um time renovado e com craques que, dali a sete anos, estariam na equipe do tetra – casos de Romário, Bebeto, Dunga, Raí e Muller. Com Carlos Alberto Silva, o Brasil superaria a seca de títulos com a Copa Stanley Rous, disputada na Inglaterra, a primeira em onze anos, mas sofreria na Copa América, na Argentina, humilhante derrota por 4 x 0 para o Chile do goleiro Roberto Rojas.

O Brasil chegou em 1988 à sua segunda medalha olímpica no futebol – prata em Seul, na Coreia do Sul, como a conquistada em Los Angeles quatro anos antes – com um goleiro que se notabilizava por defender pênaltis: o garoto Cláudio Taffarel. Carlos Alberto Silva não resistiria à troca de comando na CBF (Otávio Pinto Guimarães dava lugar em 1989 a Ricardo Teixeira, até hoje no poder) e perderia o lugar para Sebastião Lazzaroni. Para 1989, o novo técnico tinha duas missões: classificar o Brasil para a Copa da Itália, em 1990, e conquistar a Copa América, que o país não levava havia quarenta anos.

Ele conseguiu ambos os objetivos, mas não sem sofrimento. Primeiro teve que contornar a insatisfação de atletas no elenco, sobretudo Romário. Depois, as críticas por uma desastrosa excursão à Escandinávia, onde a Seleção passou vergonha em derrotas para Suécia (2 x 1) e Dinamarca (4 x 0). O pior ainda estava por vir. A Copa América seria disputada no Brasil e os primeiros jogos aconteceram em Salvador. A torcida local declarou guerra após o corte de Charles, do Bahia, e boicotou os jogos na capital baiana (o público não chegou a 10 mil pagantes nos três primeiros jogos). A Seleção foi obrigada a migrar para Recife para, na fase final, no Rio, enfim ter algum sossego. Ao final, com um gol de Romário, o Brasil conquistaria a sua quarta taça sul-americana.

O Brasil teve folga de uma semana até a estreia nas Eliminatórias contra a Venezuela (4 x 0). Havia ainda o temido Chile. No primeiro jogo, em Santiago, Romário foi expulso por agressão aos 3 minutos do primeiro tempo. A Seleção abriria com um gol contra de González, após cruzamento de Valdo, mas o Chile empataria com um gol estranho: sobrepasso de Taffarel na área, que Basay cobrou sem dar tempo de o time brasileiro se preparar. Depois de nova vitória sobre a Venezuela (6 x 0), o Brasil decidiria no Maracanã.

Careca marcou o gol brasileiro aos 4 minutos do segundo tempo. Mas, aos 23 minutos dessa etapa, o goleiro Roberto Rojas, que jogava no São Paulo, caiu na área e simulou um ferimento no rosto, causado por uma bomba. O Chile abandonou o jogo e, depois, descobriu-se a encenação: uma torcedora, de nome Rosemary Mello, atirou um sinalizador no campo que não atingiu o goleiro, que, com a ajuda da comissão técnica, simulou um ferimento, feito com lâmina de barbear. O caso custou o afastamento do Chile de competições internacionais.

Lazzaroni anunciou os convocados em maio do ano seguinte. Não havia novidades; a dúvida era somente sobre quem seriam os titulares do ataque: Muller-Careca ou Bebeto-Romário? O técnico também introduzia uma fórmula europeia ao jogo brasileiro, com três zagueiros, um deles atuando como líbero. Muitos não entenderam e classificaram o técnico de "retranqueiro". Na Granja Comary, que a partir dali seria a concentração oficial da Seleção, houve uma rebelião por conta do acordo da CBF com a Pepsi, que emprestava o logo para o uniforme de treino do time em troca de um milhão de dólares. Os jogadores ficaram com 20% do contrato, que depois prometeu aumentar a fatia. Na foto oficial, o logo da empresa foi coberto pela mão dos convocados. Cada jogador pediu um número de camisa para a Copa. Se houvesse coincidência, um sorteio decidiria.

Assim, dividido, o grupo embarcou para a Itália. Todo mundo ganhou um pouco. Lazzaroni fez, por 80 mil dólares, um comercial de TV para a Fiat que virou piada ("Lazzaroni, técnico do Brasil? E eu sou o papa", dizia o texto). Romário, machucado, levou seu fisioterapeuta, Nilton Petrone, o Filé, para se recuperar a tempo do torneio. Quem não entrava em campo reclamava da reserva – como o próprio Romário, Renato Gaúcho e o zagueiro Aldair. Para completar o clima de desconfiança, em um jogo-treino, a Seleção perdeu para um time amador local, o combinado da Umbria, por 1 x 0.

Quando a Copa começou, parecia que o time iria engrenar. Venceu a Suécia (2 x 1) com dois gols de Careca, em uma boa exibição de Muller, mas tomou o de Brolin aos 33 minutos do segundo tempo, o que quase proporcionou o empate sueco. "Demos a mão para o defunto no caixão e ele levantou", resumia o zagueiro Ricardo Rocha. Diante da Costa Rica (vitória por 1 x 0), um gol contra de Montero nos salvou. A bola parecia não entrar: tocou, por quatro vezes, a trave costa-riquenha. O sistema de Lazaroni irritava os jogadores, que reclamavam. "Fiquei tomando pau lá na frente. Acho um absurdo que, contra um time desses, a gente fique com um bando de jogadores lá atrás", desabafava Careca. Bebeto não se conformava de ter jogado apenas sete minutos: "O que eu posso fazer em tão pouco tempo?"

O Brasil encerraria a primeira fase com uma vitória por 1 x 0 sobre a Escócia na primeira fase e classificou-se em primeiro. O sistema de Lazaroni irritava os jogadores, que reclamavam. "Fiquei tomando pau lá na frente. Acho um absurdo que, contra um time desses, a gente fique com um bando de jogadores lá atrás", desabafava Careca. Bebeto não se conformava de ter jogado apenas sete minutos: "O que eu posso fazer em tão pouco tempo?".

O Brasil encerraria a primeira fase com uma vitória por 1 x 0 sobre a Escócia – gol de Muller. Para azar da Seleção, a vantagem da boa campanha na fase inicial foi anulada com o próximo adversário, a campeã Argentina, que passara para as oitavas em um surreal terceiro lugar.

Em Turim, o Brasil massacrou o time argentino o jogo todo. Maradona estava em campo graças a uma infiltração no joelho. Foram três bolas brasileiras na trave. Quando todos achavam o time alviceleste morto, aos 35 minutos do segundo tempo, Maradona driblou Alemão e Dunga e atraiu a marcação de mais três jogadores. Depois, serviu Caniggia, livre, para marcar o único gol do jogo. Daí por diante, o Brasil perdeu a cabeça. Ricardo Gomes foi expulso por entrada em Basualdo, Branco cometeu pênalti não marcado sobre Caniggia e Jorginho foi poupado de um vermelho depois de acertar o peito de Calderón.

O desempenho pífio, o pior desde 1966, foi retratado como a "Era Dunga". O volante superaria a desconfiança quatro anos depois, ao erguer a Taça Fifa, mas o técnico Sebastião Lazzaroni não. Nos anos seguintes, caiu no ostracismo. "A Copa do Mundo é uma guilhotina", profetizava ao final da partida. Quinze anos depois, Maradona revelou ter inserido sonífero em uma garrafa de água oferecida ao brasileiro Branco no campo.

A Argentina avançaria até a final, perdendo para a tricampeã Alemanha, reunificada um ano antes depois da queda do Muro de Berlim. O Brasil, à época, era governado por Fernando Colllor de Mello. Alvo de um processo de impeachment que o afastaria do cargo em 1992, ele não veria nesse cargo o time chegar ao tetracampeonato em 1994.

O Brasil de 1990

GOLEIROS: Taffarel (Internacional), Acácio (Vasco)
e Zé Carlos (Flamengo)

LATERAIS DIREITOS: Jorginho (Bayer Leverkusen-ALE)
e Mazinho (Vasco)

LATERAL ESQUERDO: Branco (Porto-POR)

ZAGUEIROS: Mauro Galvão (Botafogo),
Ricardo Gomes (Benfica-POR), Ricardo Rocha (São Paulo),
Aldair (Benfica-POR) e Mozer (Olympique-FRA)

VOLANTES: Alemão (Napoli-ITA) e Dunga (Fiorentina-ITA)

MEIAS: Bismarck (Vasco), Silas (Sporting-POR), Tita (Vasco)
e Valdo (Benfica-POR)

ATACANTES: Bebeto (Vasco), Careca (Napoli-ITA),
Müller (Torino-ITA), Renato Gaúcho (Flamengo)
e Romário (PSV Eindhoven-HOL)

TÉCNICO: Sebastião Lazaroni

O Brasil na Copa da Itália

PRIMEIRA FASE

Grupo C

10 DE JUNHO

BRASIL 2 X 1 SUÉCIA

Gols: Careca 40 do 1º e 17 do 2º(BRA);
Brolin 33 do 2º (SUE)

16 DE JUNHO

BRASIL 1 X 0 COSTA RICA

Gol: Müller 33 do 1º

20 DE JUNHO

BRASIL 1 X 0 ESCÓCIA

Gol: Müller 36 do 2º

24 DE JUNHO

BRASIL 0 X 1 ARGENTINA

Gol: Caniggia 36 do 2º

COLOCAÇÃO FINAL
1º Alemanha
2º Argentina
3º Itália
4º Inglaterra
9º Brasil

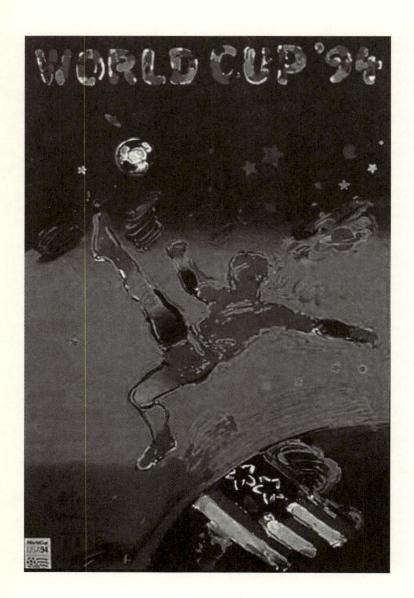

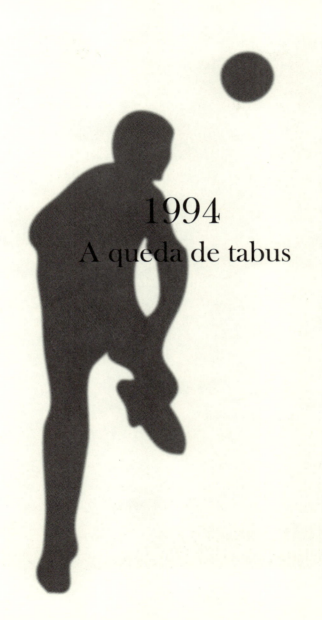

1994
A queda de tabus

A CBF elegeu os culpados pelo fracasso na Copa da Itália: os atletas que jogavam em clubes europeus, como Careca e Alemão, do Napoli-ITA. A entidade não engoliu a atitude dos líderes do protesto por maior participação nos lucros da Seleção.

Com essa orientação, Falcão foi anunciado ainda em agosto de 1990 como o técnico do time. A ideia era repetir a estratégia vitoriosa da Alemanha, tricampeã na Itália com um ex-jogador, Franz Beckenbauer. O ex-craque do Inter começou a renovação que incluiu acertos (Cafu, do São Paulo; Cesar Sampaio, do Santos; Mauro Silva, do Bragantino) e erros: Rinaldo, um deles, ficou conhecido pelo gol que deixou de dar a Pelé no jogo pelos 50 anos do Rei, em Milão, em um amistoso contra o Resto do Mundo.

Falcão enfrentou deserções como a de Bebeto, que disse que não jogaria mais com o treinador por não ser titular do time, e teve o cargo rifado para a entrada de Carlos Alberto Parreira, o preferido de Ricardo Teixeira, presidente da CBF. Falcão durou até a Copa América, no Chile, em 1991.

Parreira confirmou-se como o substituto. No primeiro semestre daquele ano, ele havia levado o Bragantino ao vice-campeonato brasileiro, perdendo para o São Paulo na final. Antes de as Eliminatórias começarem, no entanto, sofreu com a eliminação na Copa América de 1993, no Equador, e os insistentes pedidos por Romário, que vivia a melhor fase da carreira no Barcelona, da Espanha. Depois de empatar sem gols com o Equador na estreia, o Brasil perdeu sua primeira partida em Eliminatórias para a Bolívia, em La Paz, com dois frangos de Taffarel. Careca, que havia voltado ao time, pediu dispensa após a goleada sobre a Venezuela (5 x 1) e não veria a Seleção empatar com o Uruguai, fora, e ser vaiada no Morumbi, na vitória sobre o Equador por 2 x 0, sob os gritos de "Telê, Telê!", principal responsável pelo bi mundial e pelas Libertadores do São Paulo. Como na Copa América de 1989, a CBF apelou para Recife para botar o time nos eixos. E se acertou nas goleadas por 6 x 0 sobre a Bolívia e 4 x 0 na Venezuela, já no Mineirão.

O Brasil dependia de uma vitória sobre o Uruguai, no Maracanã, na última rodada, para disputar a Copa do ano seguinte. O clamor por Romário se intensificou e, à revelia do coordenador-técnico Zagallo, principal opositor da convocação, ele foi chamado. Os uruguaios levaram Ghiggia, o carrasco de 1950, ao Maracanã. Mas Romário provou que era burrice não convocá-lo ao arrebentar no jogo: deu chapéu, chutou uma bola no travessão e fez dois gols, um de cabeça e outro em uma jogada soberba, semelhante à desperdiçada por Pelé contra o mesmo Uruguai em 1970, mas convertida em gol.

Para sorte de Parreira, um outro craque surgiria no caminho entre as Eliminatórias e o Mundial: o cruzeirense Ronaldo, de 17 anos. Ele estreou na Seleção contra a Argentina, em Recife, e marcaria seu primeiro gol no jogo seguinte, diante da Islândia, em Santa Catarina, além de sofrer o pênalti convertido por Zinho. A Seleção se acertava por linhas tortas. A zaga para a Copa só foi convocada depois da exibição contra a Islândia, com Aldair e Márcio Santos. Para Parreira, a dupla de Ricardos, o Gomes e o Rocha, era a titular nos Estados Unidos. Mas lesões afastaram os dois. Dois jogadores que se destacariam no futuro não foram chamados por Parreira: Rivaldo e Roberto Carlos. A imprensa paulista ainda exigia as trocas de Taffarel por Zetti e de Jorginho por Cafu no time titular.

Com Parreira firme em sua convicção de um time bem fechado e que explorasse as jogadas de Bebeto e Romário, a Seleção embarcou para os Estados Unidos, escolhidos como sede da Copa em 1988, desbancando inclusive o Brasil. O time estreou no Mundial contra a Rússia. E bem. Romário marcou o primeiro "como se estivesse na Penha", o bairro onde foi criado no Rio, e sofreu o pênalti convertido por Raí, em má-fase, no segundo. Contra Camarões, Romário fez de bico, após bom lançamento de Dunga, e Márcio Santos e Bebeto fecharam o marcador (3 x 0).

Classificado para as oitavas de final, o Brasil ainda enfrentaria a Suécia. Empate em 1 x 1, com gols do grandalhão Anderson e, mais uma vez, Romário. O adversário das oitavas de final seriam os Estados Unidos, donos da casa e jogando no dia de sua independência, 4 de julho. Foi um jogo duro. A bola não chegava a Romário, que teve de recuar para buscá-la. Aos 42 minutos do primeiro tempo, o lateral-esquerdo Leonardo, após acertar uma cotovelada no americano Ramos, recebeu o vermelho. Não jogaria mais a Copa. Aos 28 minutos do segundo tempo, Romário serviu Bebeto, que marcou o único gol do jogo e retribuiu com um "Eu te amo!". A rixa entre eles, conhecida, ficou no passado.

Nas quartas de final, o Brasil enfrentaria a Holanda. Romário, claro, foi o homem do jogo. Marcou o primeiro, de peito de pé. No segundo, percebeu Bebeto livre e, em posição de impedimento, não participou do lance para validá-lo. A Holanda empatou, com gols de Bergkamp e Winter. Mas Branco, que substituía Leonardo, avançou sem medo de empurrar o rosto de Overmars e cavou uma falta a poucos metros da área. Bateu no canto esquerdo, e Romário dobrou o corpo para a bola passar. Brasil classificado.

A Suécia voltou a passar pelo caminho na semifinal e resistiu o que pôde às investidas brasileiras. Só não esperava que Romário superasse sua gigante defesa para marcar de cabeça o gol que colocaria o Brasil pela quinta vez em uma final de Copa, de novo a Itália.

Foi um jogaço em Los Angeles. Sob forte calor, o Brasil acertou dezoito chutes no gol contra quatro italianos. Em um tiro de Mauro Silva, Pagliuca por pouco não levou o frango da Copa: a bola bateu no poste, beijado pelo italiano na sequência. Na prorrogação, Romário perdeu a melhor chance do jogo, ao desperdiçar um cruzamento de Cafu debaixo do gol.

Viriam os pênaltis e o fantasma de oito anos antes, no México. O que restava era torcer. Márcio Santos perdeu um para o Brasil, mas os erros de Massaro e de Baggio colocariam a quarta taça na estante brasileira. Dunga a levantaria, gritando uma porção de palavrões e coroando a volta por cima do atleta mais contestado do grupo que foi à Itália, em 1990.

Não foi uma conquista brilhante, mas quem se importa? Vexame seria perder mais uma vez ou, como fizera o grupo comandado pelo presidente da CBF, Ricardo Teixeira, deixar de pagar as taxas por excesso de bagagem por conta das muambas compradas nos Estados Unidos. Que feio.

O Brasil de 1994

GOLEIROS: Taffarel (Reggiana-ITA), Zetti (São Paulo) e Gilmar (Flamengo)

LATERAIS DIREITOS: Jorginho (Bayern Munique-ALE) e Cafu (São Paulo)

LATERAIS ESQUERDOS: Leonardo (Kashima Antlers-JAP) e Branco (Fluminense)

ZAGUEIROS: Aldair (Roma-ITA), Márcio Santos (Bordeaux-FRA), Ricardo Rocha (Vasco) e Ronaldão (Shimizu-JAP)

VOLANTES: Mauro Silva (La Coruña-ESP) e Dunga (Stuttgart-ALE)

MEIAS: Mazinho (Palmeiras), Zinho (Palmeiras), Paulo Sérgio (Bayer Leverkusen-ALE) e Raí (Paris Saint-Germain-FRA)

ATACANTES: Bebeto (La Coruña-ESP), Romário (Barcelona-ESP), Müller (São Paulo), Viola (Corinthians) e Ronaldo (Cruzeiro)

Técnico: Carlos Alberto Parreira

O Brasil na Copa dos Estados Unidos

PRIMEIRA FASE

Grupo B

20 JUNHO

BRASIL 2 X 0 RÚSSIA

Gols: Romário 26 do 1º, Raí (pênalti) 8 do 2º

24 JUNHO

BRASIL 3 X 0 CAMARÕES

Gols: Romário 39 do 1º, Márcio Santos 20, Bebeto 27 do 2º

28 JUNHO

BRASIL 1 X 1 SUÉCIA

Gols: Romário 1 do 2º (BRA);
Kenneth Andersson 23 do 1º (SUE).

OITAVAS DE FINAL

4 JULHO

BRASIL 1 X 0 ESTADOS UNIDOS

Gol: Bebeto 28 do 2º

QUARTAS DE FINAL

9 JULHO

BRASIL 3 X 2 HOLANDA

Gols: Romário 6, Bebeto 16, Branco 36 do 2º (BRA); Bergkamp 18, Winter 30 do 2º (HOL)

SEMIFINAIS

13 DE JULHO

BRASIL 1 X 0 SUÉCIA

Gol: Romário 35 do 2º

FINAL

17 DE JULHO

BRASIL 0 X 0 ITÁLIA

Prorrogação: 0 x 0; Pênaltis: Brasil 3 (Romário, Branco e Dunga) x 2 Itália (Albertini e Evani)

COLOCAÇÃO FINAL

1º Brasil

2º Itália

3º Suécia

4º Bulgária

1998
Derrota na véspera

Zagallo foi efetivado como técnico da Seleção depois da saída de Parreira. Uma nova geração se formava, com destaque para dois craques que já haviam atuado com a camisa amarela: Ronaldo e Rivaldo.

Como o time, campeão nos Estados Unidos, estava dispensado das Eliminatórias para a Copa de 1998, na França, estabeleceu-se uma primeira prioridade: obter pela primeira vez a medalha de ouro olímpica, nos jogos de Atlanta em 1996. O Velho Lobo seria o segundo técnico da Seleção a acumular a preparação da equipe principal e também da sub-23. Em muitos jogos dessa preparação, Zagallo preferiu escalar os garotos aos verdadeiros titulares.

Os veteranos de 1994 começaram a causar problemas para a CBF ainda na Copa América de 1995, no Uruguai. Ricardo Teixeira acusou Taffarel de uma suposta falha no gol de empate do Uruguai na final do torneio, perdida nos pênaltis, e o goleiro disse que não voltaria a defender a Seleção. Romário também criou atritos. Negociado com o Flamengo, voltou ao país em

1995. Na primeira convocação, em fevereiro daquele ano, abandonou o grupo para treinar com o rubro-negro. Ele seria ignorado até 1997, enquanto a Seleção ainda curtia o status de melhor do mundo.

Ronaldo começou a arrebentar na Europa em 1996 e foi negociado com o Barcelona ainda naquele ano. Terminaria eleito o melhor do mundo, título que confirmaria no ano seguinte, já na Inter de Milão, onde ganhou o apelido de "Fenômeno".

Parecia não haver seleção melhor que a nossa. Mas os sustos começaram ainda em 1996. A eliminação para a Nigéria nas Olimpíadas de Atlanta expôs a soberba de alguns jogadores, que se recusaram a receber a medalha de bronze. As críticas excessivas da imprensa questionavam se Zagallo não estaria obsoleto no comando. A resposta veio com a conquista da Copa América de 1997, na Bolívia. Depois de vencer os donos da casa na final (3 x 1), o técnico soltou sua conhecida frase: "Vocês vão ter que me engolir!".

Havia também problemas internos. Dunga, à beira de um ataque de nervos, não se acertava com os outros jogadores. Na Copa das Confederações, também conquistada pelo Brasil, Romário, já de volta, irritou o grupo ao raspar, na surdina, suas cabeças.

A Seleção parecia uma bomba-relógio. Para conter uma possível explosão às vésperas da Copa, a CBF convocou Zico como coordenador-técnico de Zagallo. Na cabeça do treinador, havia a necessidade de um jogador "número 1", que efetuasse a ligação entre o meio-campo e o ataque. Para Zagallo, esse jogador era Juninho, mas, a um ano Copa, ele sofreu uma lesão séria que o afastaria da França. Testou uma série de jogadores para essa função, inclusive Raí, mas optou na Copa por Leonardo, lateral-esquerdo de origem.

A divulgação dos convocados foi um drama, nenhum maior que o de Romário. Ele sentiu a coxa direita em um jogo do Campeonato Carioca, e não teria condições de enfrentar a Escócia, na primeira partida da Copa. Quando o corte foi anunciado, em 22 de maio, a Seleção já estava na Europa. Para o seu lugar, Zagallo optou pelo volante Emerson, do Grêmio. O Brasil teria apenas três atacantes na Copa: Ronaldo, Edmundo e o veterano Bebeto. De boa notícia, somente a volta de Taffarel.

Edmundo, conhecido como Animal, disparava contra os colegas em entrevistas e broncas públicas. Depois de um amistoso contra o Athletic Bilbao, da Espanha, bateu boca com Ronaldo por ter passado uma bola. Repreendido por Leonardo, cutucou: "Você sempre querendo bancar o bom moço. Não estou falando com você". Em uma entrevista por telefone, disse: "Estou melhor física e tecnicamente que o Bebeto". A frase pegou mal, e ele foi repreendido por Zico. Um zagueiro concluía: "Não deviam ter trazido esse cara".

Na estreia, contra a Escócia, Bebeto venceu a disputa interna com Edmundo e foi escalado. Cesar Sampaio marcou o primeiro gol brasileiro na Copa, aos 4 minutos do primeiro tempo. No restante da etapa, o time jogou mal e cedeu o empate. Giovanni, escolhido para ser o tal "número 1", não resistiu ao intervalo e foi substituído. Não voltaria mais. Aos 25 minutos do segundo tempo, Cafu concluiu, a bola bateu no goleiro e resvalou em Boyd, garantindo a vitória brasileira. No jogo seguinte, contra Marrocos, Ronaldo deslanchou, marcando o seu primeiro gol em Copas aos 9 minutos do primeiro tempo. Rivaldo e Bebeto fariam os outros dois gols do jogo. Dunga, mais uma vez, perdeu o controle e discutiu com Bebeto dentro do campo. "O Dunga fala o que precisa ser dito", aliviava Zagallo, defendendo o seu homem de confiança. O confronto com a Noruega selaria o fim da primeira fase. E o Brasil perdeu por 2 x 1. Bebeto fez o único gol brasileiro. "Foi uma derrota rumo ao penta", definia Zagallo. Era mesmo?

Nas oitavas, o adversário era o Chile. O Brasil ainda não havia convencido, mas, naquele jogo, as esperanças renasceram. Ronaldo fez dois gols e Cesar Sampaio, os outros dois. O placar de 4 x 1 era um pouco enganoso, mas o caminho para a segunda final consecutiva parecia simples. Os dois próximos confrontos eram bastante difíceis. O primeiro, contra a Dinamarca, pelas quartas de final, foi um sufoco. Saímos perdendo com um gol de Jorgensen aos 2 minutos do primeiro tempo e empatamos com Bebeto, aos 11 minutos. Rivaldo virou na etapa inicial, mas uma falha feia de Roberto Carlos, que furou uma bicicleta na área adversária, deixou os dinamarqueses empatarem. Mas o jogo era de Rivaldo, que desempatou com um golaço de esquerda, aos 15 minutos do segundo.

Contra a Holanda, na semifinal, Zé Carlos foi escalado no lugar de Cafu, suspenso. Foi a exibição mais bisonha de um jogador da Seleção em uma partida de Copa do Mundo. Por sorte, Ronaldo e Taffarel compensaram. O primeiro com um golaço, no primeiro minuto do segundo tempo. Kluivert empatou a três minutos do fim, mas, na decisão por pênaltis, o goleiro defendeu duas cobranças.

A exemplo de 1962, o Brasil jogaria sua segunda final consecutiva. A adversária era a França, a dona da casa. Só não esperava que um problema com o seu principal jogador abalasse o restante do time. Ronaldo tivera uma série de convulsões durante o sono pela manhã do dia 12 de julho e era dúvida. Uma escalação com o nome de Edmundo foi divulgada, mas foi o Fenômeno quem entrou em campo. O Brasil esteve apático durante todo o jogo e a França abriu com um gol de cabeça de Zidane. Ele repetiria o feito ainda no primeiro tempo. No segundo tempo, mesmo com as substituições, a Seleção não reagiu e viu a França ampliar para 3 x 0, com um gol de Petit no último minuto. França campeã.

Zagallo procurava respostas para a derrota. "Senti que os jogadores já estavam afetados. Eles sabiam que o Ronaldo não tinha condições". Nos anos seguintes, muitas foram as perguntas e as respostas sobre o mal de Ronaldo e nenhuma explicação convincente. A melhor delas foi dada pelo próprio jogador, quando, em uma CPI da Câmara dos Deputados para apurar eventuais esquemas de desvio de dinheiro na CBF, um deputado perguntou a razão da derrota naquela Copa. "Perdemos porque a França fez três gols e nós, nenhum", respondeu o Fenômeno. E ponto.

O Brasil de 1998

GOLEIROS: Taffarel (Atlético-MG), Dida (Cruzeiro)
e Carlos Germano (Vasco)
LATERAIS-DIREITOS: Cafu (Roma-ITA) e Zé Carlos (São Paulo)
LATERAIS-ESQUERDOS: Roberto Carlos (Real Madrid-ESP)
e Zé Roberto (Flamengo)
ZAGUEIROS: Júnior Baiano (Flamengo), Aldair (Roma-ITA),
Gonçalves (Botafogo) e André Cruz (Milan-ITA)
VOLANTES: Dunga (Jubilo Iwata-JAP), César Sampaio (Yokohama
Flugels-JAP), Doriva (Porto-POR)
e Emerson (Bayer Lewerkusen-ALE)
MEIAS: Rivaldo (Barcelona-ESP), Leonardo (Milan-ITA)
e Giovanni (Barcelona-ESP)
ATACANTES: Bebeto (Botafogo), Ronaldinho (Internazionale-ITA),
Edmundo (Fiorentina-ITA) e Denilson (São Paulo)
TÉCNICO: Zagallo

O Brasil na Copa da França

PRIMEIRA FASE

GRUPO A
10 DE JUNHO
BRASIL 2 X 1 ESCÓCIA
Gols: César Sampaio 3 do 1º e Cafu 27 do 2º (BRA); Colins 36
do 2º (ESC)

16 DE JUNHO
BRASIL 3 X 0 MARROCOS
Gols: Ronaldo 8 do 1º, Rivaldo 2 e Bebeto 5 do 2º

23 DE JUNHO
BRASIL 1 X 2 NORUEGA
Gols: Bebeto 32 do 2º (BRA);
Tore Flo 37 e Redkal 43 do 2º (NOR)

OITAVAS DE FINAL
27 DE JUNHO
BRASIL 4 X 1 CHILE
Gols: César Sampaio 11 e 27 do 1º,
Ronaldo 47 do 1º e 27 (pênalti) do 2º (BRA);
Salas 22 do 2º (CHI)

QUARTAS DE FINAL
BRASIL 3 X 2 DINAMARCA
Gols: Bebeto 10 do 1º, Rivaldo 26 do 1º e 15 do 2º (BRA);
Jorgensen 2 do 1º e Brian Laudrup 5 do 2º (DIN)

SEMIFINAIS
7 DE JULHO
BRASIL 1 X 1 HOLANDA
Gols: Ronaldo 1 do 2º (BRA); Kluivert 41 do 2º (HOL)
Nos pênaltis, Brasil 4 (Ronaldo, Rivaldo, Emerson e Dunga) x
2 Holanda (Frank De Boer e Bergkamp)

FINAL
12 DE JULHO
FRANÇA 3 X 0 BRASIL
Gols: Zidane 27 e 45 do 1º; Petit 46 do 2º

COLOCAÇÃO FINAL
1º França
2º Brasil
3º Croácia
4º Holanda

Havia um sentimento óbvio sobre qual seria o técnico da Seleção Brasileira. Vanderlei Luxemburgo havia formado três dos melhores times dos anos 1990 (o Bragantino, o Palmeiras e o Corinthians) e chegava ao comando respaldado por torcida e imprensa.

No período em que treinou o time, revelou Ronaldinho Gaúcho e foi alvo de uma série de denúncias. Entre elas estava a de falsificar a data de nascimento – era três anos "mais novo" nos documentos e a de alterar o nome para Wanderley.

Conquistou apenas um título, a Copa América de 1999, no Paraguai. No México, com uma boa base olímpica (além de Ronaldinho Gaúcho, o palmeirense Alex), parou na final contra o México. Nas Eliminatórias, que a partir de 2000 o Brasil disputaria em sistema de turno e returno contra todos os países do continente, Luxemburgo estreou com um empate (0 x 0) contra a Colômbia e afastou sua cria Ronaldinho Gaúcho por excesso de peso da partida seguinte, diante do Equador (vitória brasileira por 3 x 2). O comandante começou a ser questionado depois de um empate com o Peru, no Maracanã, e da derrota para o Paraguai (2 x 1), em Assunção. A brilhante vitória contra a Argentina (3 x 1), no Morumbi, atenuou um pouco os problemas, mas vieram derrotas para o Chile e a desclassificação nas quartas de final das Olimpíadas de 2000, em Sidney (Austrália), para Camarões, que tinha apenas nove jogadores em campo contra onze do Brasil.

Luxemburgo foi demitido e Candinho, chamado para cobrir o buraco até a chegada de Leão, o quinto em uma lista com Luiz Felipe Scolari, Levir Culpi, Carlos Alberto Parreira e Tostão. Ninguém queria a Seleção. O ex-goleiro assumiu prometendo um "futebol bailarino", promessa que jamais cumpriu. Com ele, o Brasil venceu apenas três das dez partidas que disputou – uma das piores médias de um treinador da Seleção. O auge foi o quarto lugar na Copa das Confederações, disputada no Japão e na Coreia do Sul, sedes da Copa de 2002, em que o Brasil foi derrotado até mesmo pela Austrália.

Leão se despediu da Seleção ainda no aeroporto. Para o seu lugar, a CBF conseguiu, enfim, convencer Luiz Felipe Scolari. Seu estilo copeiro, vencedor da Libertadores pelo Palmeiras e pelo Grêmio, agradava aos brasileiros. Era adepto de menos tática, mais conversa e, sobretudo, obter a confiança dos jogadores.

Mesmo assim, Felipão cumpriu um roteiro tortuoso até levar o Brasil à classificação para a Copa. Teve que enfrentar o pouco caso de Romário e prometeu não levá-lo para a Copa depois de o atacante pedir dispensa da Seleção para uma cirurgia na pálpebra, embora tenha ido viajar com o Vasco para o México na mesma época. Tinha ainda o problema de Ronaldo, o grande craque da época, mas que sofreu duas seguidas e preocupantes contusões pela Inter de Milão e corria o risco de até mesmo não jogar mais futebol.

Os resultados também não vinham: o Brasil continuava mal nas Eliminatórias e, pela Copa América, na Colômbia, em 2001, passou vergonha ao ser desclassificado por Honduras. O time não se encontrava: vencia o Paraguai (2 x 0), perdia para a Argentina (1 x 2); passava pelo Chile (2 x 0), mas não pela Bolívia (1 x 3). O último jogo foi contra a Venezuela, em São Luís. Graças a dois jogadores da confiança do treinador, Edilson e Luizão, o Brasil venceu por 3 x 0 e avançou para a Copa do Mundo.

Dali por diante, era preciso torcer por adversários fracos na primeira fase do Mundial – pela primeira vez disputado em dois países, Japão e Coreia do Sul – e pela recuperação plena de Ronaldo. Felipão já havia garantido o Fenômeno no grupo, assim como Rivaldo.

Era uma espécie de pacto que ficaria evidente no torneio, a chamada "Família Scolari". Romário praticamente se ajoelhou pela vaga, coberto de lágrimas, inclusive, mas foi ignorado por Felipão. Ronaldo voltaria ainda em março, fora de forma. Djalminha e Emerson foram cortados na véspera do Mundial por razões distintas. O primeiro acertou uma cabeçada em seu treinador no La Coruña, da Espanha, Javier Irureta, e o outro deslocou o ombro brincando de goleiro em um treino da Seleção.

Na estreia da Copa, contra a Turquia, o Brasil venceu por 2 x 1 graças a uma ajuda do árbitro sul-coreano Kim Young-Joo. Hasan Sas abriu para os turcos, no final do primeiro tempo. Ronaldo aproveitou cruzamento de Rivaldo para se esticar na pequena área e marcou o de empate. A quatro minutos do fim, Luizão caiu fora da área, mas avançou alguns passos para confundir o árbitro, que caiu na do centroavante e marcou pênalti. Rivaldo cobrou e virou o jogo. O meia ainda seria o protagonista de um lance feio: recebeu uma bolada na barriga, mas atirou-se no chão com as mãos no rosto, forçando a expulsão de Hakan Unsal. Na primeira fase, o Brasil ainda venceria China (4 x 0) e Costa Rica (5 x 2). Ronaldo e Rivaldo marcaram quatro e três gols, respectivamente. A dupla continuaria afinada no jogo seguinte, contra a Bélgica. Rivaldo marcou primeiro, aos 21 minutos do segundo tempo, e Ronaldo, o segundo, aos 41 minutos.

O primeiro grande adversário daquela Copa, no entanto, viria nas quartas de final. A Inglaterra tinha passado pela chave mais forte da competição, com Argentina, Suécia e Nigéria, e contava com uma boa geração de jogadores, com nomes como Beckham, Owen e Gerrard. Owen fez primeiro para os ingleses, aproveitando o vacilo do zagueiro Lúcio. Mas Ronaldinho Gaúcho compensaria. No gol de empate, pedalou e avançou até encontrar Rivaldo livre para marcar o seu quinto gol na Copa. No da virada, em uma cobrança de falta, percebeu o inglês Seaman adiantado para fazer um gol antológico. Para completar, na jogada seguinte foi expulso após entrada em Mills. Mesmo assim, o Brasil segurou o resultado.

Contra a Turquia, na semifinal, o Brasil confiou na estrela de Ronaldo, que apareceu com o cabelo cortado em um estilo parecido ao do personagem Cascão, da Turma da Mônica. Rustu, o goleiro turco, segurou enquanto pode o empate em 0 x 0, mas o Fenômeno rompeu a retranca ao tocar de bico aos 4 minutos do segundo tempo. O resultado confirmou, pela primeira vez na história, nossa terceira final de Copa seguida.

O adversário era a Alemanha, que tinha tantas finais quanto o Brasil (sete, incluindo aquela da Coreia/Japão), mas um título a menos. O Brasil entrava com o time completo, enquanto a Alemanha não teria seu principal jogador, o meia Ballack. A Seleção pressionou todo primeiro tempo, e os alemães resistiam com o goleiro Kahn. Aos 19 minutos do segundo tempo, Rivaldo chutou de canhota de fora da área, e Kahn rebateu nos pés de Ronaldo. Era o primeiro gol brasileiro. O segundo foi bem mais bonito. Kleberson, do Atlético-PR, serviu Rivaldo, que deixou a bola passar para Ronaldo completar para o gol.

Éramos pentacampeões. E aquele era o título da redenção. Do alto do pódio, Cafu, o único a participar de três decisões consecutivas de Copa, exibiu uma camiseta "100% Jardim Irene" e gritou: "Eu te amo, Regina!". Ela e mais 160 milhões responderam: "Eu também!".

O Brasil em 2002

GOLEIROS: Marcos (Palmeiras), Dida (Corinthians)
e Rogério Ceni (São Paulo)
LATERAIS DIREITOS: Cafu (Roma-ITA) e Belletti (São Paulo)
LATERAIS ESQUERDOS: Roberto Carlos (Real Madrid-ESP)
e Júnior (Parma-ITA)
ZAGUEIROS: Lúcio (Bayer Leverkusen-ALE),
Roque Júnior (Milan-ITA), Edmílson (Lyon-FRA)
e Anderson Polga (Grêmio)
VOLANTES: Gilberto Silva (Atlético Mineiro)
e Vampeta (Corinthians)
MEIAS: Ricardinho (Corinthians),
Ronaldinho Gaúcho (Paris Saint-Germain-FRA),
Kléberson (Atlético Paranaense), Juninho (Flamengo)
e Kaká (São Paulo)
ATACANTES: Ronaldo (Inter-Ita), Rivaldo (Barcelona-ESP),
Denílson (Betis-ESP), Edilson (Cruzeiro) e Luizão (Grêmio)
TÉCNICO: Luiz Felipe Scolari

O Brasil na Copa da Ásia

PRIMEIRA FASE
Grupo C
3 DE JUNHO
BRASIL 2 X 1 TURQUIA
Gols: Ronaldo 15 e Rivaldo 42 do 2º (BRA);
Sas 47 do 1º (TUR)

8 DE JULHO
BRASIL 4 X 0 CHINA
Gols: Roberto Carlos 15, Rivaldo 32 e Ronaldinho Gaúcho 45
do 1º e Ronaldo 10 do 2º

13 DE JUNHO DE 2002
BRASIL 5 X 2 COSTA RICA
Gols: Ronaldo 10 e 13 e Edmílson 38 do 1º e Rivaldo 17
e Júnior 19 do 2º (BRA);
Wanchope 39 do 1º e Gómez 11 do 2º (CRC)

OITAVAS DE FINAL
17 DE JUNHO
BRASIL 2 X 0 BÉLGICA
Gols: Rivaldo 22 e Ronaldo 42 do 2º

QUARTAS DE FINAL
21 DE JUNHO
BRASIL 2 X 1 INGLATERRA
Gols: Rivaldo 45 do 1º e Ronaldinho Gaúcho 5 do 2º (BRA);
Owen 23 do 1º

SEMIFINAL
26 DE JUNHO
BRASIL 1 X 0 TURQUIA
Gol: Ronaldo 4 do 2º

FINAL
30 DE JUNHO DE 2002
BRASIL 2 X 0 ALEMANHA
Gols: Ronaldo 22 e 34 do 2º

COLOCAÇÃO FINAL
1º Brasil

2º Alemanha

3º Turquia

4º Coreia do Sul

2006
Não somos imbatíveis

Vencer a quinta Copa do Mundo, abrindo duas taças para Itália e Alemanha, ressuscitou o otimismo na Seleção. Parecíamos imbatíveis. Foi assim que Carlos Alberto Parreira foi reconduzido, pela terceira vez, ao comando do time nacional. Luiz Felipe Scolari havia desistido de treiná-la e, no início de 2003, aceitou ser técnico de Portugal.

Aquela parecia a maior geração de todos os tempos. Campeões como Ronaldo, Rivaldo, Roberto Carlos e Ronaldinho Gaúcho faziam parte da equipe; ainda tínhamos um reserva promissor, Kaká. Até a Alemanha, em 2006, ainda surgiriam os santistas Robinho e Diego, o flamenguista Adriano e o cruzeirense Fred. Quem não apontava o Brasil favorito para o hexa?

Pela primeira vez, o campeão da Copa anterior teria que disputar as Eliminatórias. Antes dela, o Brasil armou uma despedida para Zagallo, contra a Coreia do Sul (vitória brasileira por 3 x 2), viu Felipão carimbar nossa faixa em um amistoso contra Portugal (derrota por 2 x 1) e foi desclassificado ainda na primeira fase da Copa das Confederações, disputada na França.

A CBF também decidiu que haveria um técnico exclusivo para a Seleção Olímpica. O escolhido foi o ex-zagueiro Ricardo Gomes.

Dessa forma, a eliminação do time ainda no Pré-Olímpico abalou pouco a confiança do time principal, ainda que aquele combinado tivesse nomes aproveitados por Parreira, como Robinho. Nas Eliminatórias, o Brasil passava sem sustos por Colômbia (2 x 1) e Equador (1 x 0) e tomava outros, pequenos, contra Peru (1 x 1) e Uruguai (3 x 3). Ronaldo fez três contra a Argentina (3 x 1 no Mineirão) e o Brasil alcançaria a liderança após empatar em 1 x 1 com o Chile, em Santiago.

Na Copa América de 2004, Parreira deu folga aos titulares e chamou um mistão para ir até o Peru. Se deu bem: o time chegou à final e venceu a Argentina nos pênaltis, revelando Adriano. Contra o Haiti, um mês depois, levou todos os titulares para um jogo com conteúdo político: era a afirmação da missão de paz brasileira no país caribenho. O Brasil goleou por 6 x 0, num jogo que depois virou filme.

O Brasil praticamente cumpriria tabela nos jogos das Eliminatórias. Perdeu apenas dois, para Equador (0 x 1) e Argentina (1 x 3). Ronaldinho Gaúcho era a principal estrela daquele time. Ele fora eleito, por dois anos consecutivos (2004 e 2005), o melhor jogador do mundo. A euforia só aumentou depois de o Brasil vencer, com sobras, a Copa das Confederações, em 2005, na Alemanha. Adriano, Kaká e Ronaldinho arrebentavam, enquanto Ronaldo tirava "férias". O excesso de peso do jogador, no entanto, já era questionado – no Real Madrid, o chamavam de "Gordo". Nesse intervalo, a CBF armou uma despedida da Seleção para Romário, contra a Guatemala, no Pacaembu.

A classificação para a Copa da Alemanha foi referendada depois de uma goleada por 5 x 0 sobre o Chile, em Brasília. Com os gritos de "olé" a cada toque, era evidente o clima de "já ganhou". Surgia a expressão "Quadrado Mágico": Parreira deveria escalar o time com Ronaldinho Gaúcho, Kaká, Adriano e Ronaldo. Havia até quem defendesse a entrada de Robinho. Mas quem sairia?

A dúvida persistiu até a estreia da Seleção na Copa. Havia também outra preocupação: o excesso de noitadas dos jogadores às vésperas do torneio. Elas aconteciam até mesmo na pacata cidade de Weggis, na Suíça, escolhida pela CBF como sede da concentração brasileira para a Copa. Uma fã invadiu o gramado e agarrou Ronaldinho Gaúcho em um dos treinos. Uma atriz pornô brasileira era frequentemente vista nos hotéis da Seleção, pedindo ingressos e autógrafos para os jogadores.

Desconcentrado, o time mostrou-se apático em todos os jogos que fez na Alemanha. No primeiro, contra a Croácia, dependeu da atuação individual de Kaká, o único que apareceu para o jogo, em uma vitória magra por 1 x 0. Na partida seguinte, diante da Austrália, Adriano e Fred marcaram seus gols e garantiram o Brasil nas oitavas de final. Parreira escalaria um time reserva para o último jogo da primeira fase, contra o Japão. Mesmo assim, goleou o time treinado por Zico por 4 x 1, com dois de Ronaldo.

O Brasil enfrentaria na segunda fase o time de Gana. Era a quinta vez que a Seleção cruzaria com uma Seleção africana em Copas. Nas anteriores, venceu Zaire (1974), Argélia (1986), Camarões (1994) e Marrocos (1998). O temor de derrotas era restrito à Olimpíada, provocado por eliminações para Nigéria (1996) e Camarões (2000). Em campo, Ronaldo marcou um gol e tornou-se o maior artilheiro da história das Copas, com quinze gols (quatro em 1998, oito em 2002 e mais três em 2006).

Classificado, o Brasil enfrentaria a França, algoz de 1986 e de 1998. O craque da derrota na final de oito anos antes ainda liderava o time: Zinedine Zidane. A Seleção entrou em campo mais uma vez sem convencer. Ronaldinho Gaúcho, o maior jogador das duas temporadas passadas, participava de seu quinto jogo na Copa sem se destacar em nenhum deles – no jogo, levou até mesmo um chapéu de Zidane. E foi o craque francês quem levantou a bola para Henry completar para o gol, no segundo tempo, enquanto o lateral-esquerdo Roberto Carlos ajeitava suas meias na entrada da área.

A Copa terminava para o Brasil. A França avançaria até a final, quando perderia, no pênaltis, para a Itália. Naquele mesmo jogo, Zidane foi expulso depois de acertar uma cabeçada em Materazzi. Na volta para casa, os craques foram recebidos com vaias ou indiferença. Em Santa Catarina, uma estátua em homenagem a Ronaldinho Gaúcho foi queimada. Era fato: não sabíamos perder.

O Brasil em 2006

GOLEIROS: Dida (Milan-ITA), Rogério Ceni (São Paulo)
e Júlio César (Inter-ITA)
LATERAIS DIREITOS: Cafu (Milan-ITA)
e Cicinho (Real Madrid-ESP)
LATERAIS ESQUERDOS: Roberto Carlos (Real Madrid-ESP)
e Gilberto (Hertha Berlim-ALE)
ZAGUEIROS: Lúcio (Bayern-ALE), Juan (Bayer Leverkusen-ALE),
Luisão (Benfica-POR) e Cris (Lyon-FRA)
VOLANTES: Emerson (Juventus-ITA), Zé Roberto (Bayern-ALE),
Gilberto Silva (Arsenal-ING) e Mineiro (São Paulo)
MEIAS: Kaká (Milan-ITA), Ronaldinho Gaúcho
(Barcelona-ESP), Juninho Pernambucano (Lyon-FRA)
e Ricardinho (Corinthians)
ATACANTES: Adriano (Inter-ITA), Ronaldo (Real Madrid-ESP),
Fred (Lyon-FRA) e Robinho (Real Madrid-ESP)
TÉCNICO: Carlos Alberto Parreira

O Brasil na Copa da Alemanha

PRIMEIRA FASE
Grupo F
13 DE JUNHO
BRASIL 1 X 0 CROÁCIA
Gol: Kaká 44 do 1º

18 DE JUNHO

BRASIL 2 X 0 AUSTRÁLIA

Adriano 3 e Fred 44 do 2º

22 DE JUNHO

BRASIL 4 X 1 JAPÃO

Ronaldo 46º do 1º e Juninho Pernambucano 8, Gilberto 14
e Ronaldo 36 do 2º (BRA);
Tamada 34 do 1º (JAP)

OITAVAS DE FINAL

26 DE JUNHO

BRASIL 3 X 0 GANA

Ronaldo 5 do 1º e Adriano 1 e Zé Roberto 39 do 2º

QUARTAS DE FINAL

BRASIL 0 X 1 FRANÇA

Henry 12 do 2º

COLOCAÇÃO FINAL

1º Itália
2º França
3º Alemanha
4º Portugal
5º Brasil

Esta obra foi impressa no outono de 2010 em Santa Catarina pela Nova Letra Gráfica & Editora. No texto foi utilizada a fonte Minion, em corpo 12, com entrelinha de 17 pontos.